Thomas Burkard

Suchen und Hoffen

Thomas Burkard

Suchen und Hoffen

Ohne ein gutes Gottesbild ist Eifer lieblos, Hingabe fruchtlos und Glaube form- und wesenslos

Fromm Verlag

Impressum / Imprint
Bibliografische Information der Deutschen Nationalbibliothek: Die Deutsche Nationalbibliothek verzeichnet diese Publikation in der Deutschen Nationalbibliografie; detaillierte bibliografische Daten sind im Internet über http://dnb.d-nb.de abrufbar.

Bibliographic information published by the Deutsche Nationalbibliothek: The Deutsche Nationalbibliothek lists this publication in the Deutsche Nationalbibliografie; detailed bibliographic data are available in the Internet at http://dnb.d-nb.de.

Verlag / Publisher:
Fromm Verlag
ist ein Imprint der / is a trademark of
OmniScriptum GmbH & Co. KG
Heinrich-Böcking-Str. 6-8, 66121 Saarbrücken, Deutschland / Germany
Email: info@frommverlag.de

Herstellung: siehe letzte Seite /
Printed at: see last page
ISBN: 978-3-8416-0556-6

Vorwort

Ohne ein gutes Gottesbild ist Eifer lieblos,

Hingabe fruchtlos und Glaube form- und wesenslos.

Die Frage, wer Gott ist, beschäftigt mich schon mein ganzes Leben lang. Ich suche Gott, weil ich ihn brauche - ohne Hoffnung auf einen Gott, der eines Tages all das Unrecht, Leid und Tod wieder gutmacht, der alle Tränen trocknet (Offenbarung 22.4), könnte ich das Leben auf dieser Welt nicht ertragen.

Zwar glaube ich als Christ, dass ich Gott im Angesicht Jesu Christi erkennen kann, aber auch damit hört die Suche nicht auf, sondern fängt erst an – diesmal aber unter einer Verheißung (Lk 11,9-13). - Nichtsdestotrotz bleibt sie somit eine lebenslange Aufgabe.
So hat das auch der Apostel Paulus formuliert, als er im Philipperbrief schrieb, dass er sich beständig nach Christus ausstreckt, um ihn und die Kraft seiner Auferstehung erkennen zu können (Phil 3, 7-14).

Warum gerade Jesus?
In meinem kurzen Leben bin ich geistlich schon weit herumgekommen, habe mich mit Menschen verschiedenster Religionen ausgetauscht und bin für mich zu diesem Schluss gekommen, dass es nirgendwo eine Hoffnung gibt, wie die des Evangeliums. Ich glaube, man kann die ganze Welt durchsuchen, auf den Grund des Meeres forschen und zum Mond fliegen, man wird nirgendwo eine Botschaft finden, die befreiender ist als die Hoffnung, die ein Christ in Jesus hat.
Wo sonst wird der Mensch aus reiner Liebe erlöst, ohne dass er es sich verdienen kann, ganz gleich welchem Volk oder Geschlecht er angehört!? Wo gibt es einen Gott, der seine Geschöpfe so liebt, dass er für sie ans Kreuz geht und all ihre Schuld auf sich nimmt?
Je älter ich werde, desto mehr komme ich zu der Überzeugung, dass dies die Botschaft ist, die gehört werden muss, die Botschaft, welcher der Welt Hoffnung gibt.

So ist für mich das Kreuz das Zentrum aller Theologie, denn Gott kann ich nur im Angesicht Jesu Christi erkennen und Jesus kann ich nur in dem angemessen verstehen, was er am Kreuz für mich und uns alle getan hat.

Dies ist für mich der Nullpunkt in meinem theologischen Koordinatensystem, hier finde ich den guten Gott, nach dem ich mich so von Herzen sehne.
Das ist mir deswegen so wichtig zu sagen, weil es in dieser Welt so viel gibt, was gegen die Existenz eines guten Gottes spricht, weil es so viel in der Bibel gibt, was

mich erschreckt und ich nicht einordnen kann (Stellen, die Frauen diskriminieren und Sklaverei bis hin zu Kriegen) und selbst in der Verkündigung Jesu, so wundervoll sie sein mag, finde ich viele Zweideutigkeiten (vgl. z.B. Mk 4,12).
Die Fragezeichen bleiben bestehen und sie zerreiben mich oft innerlich – sind damit aber auch der Motor für die Suche nach Gott.

Am Kreuz endet diese Zweideutigkeit, denn da sehe ich einen Gott, der sich ganz und rückhaltlos auf die Seite seiner Geschöpfe gestellt hat und jede und jeden einzelnen von ihnen buchstäblich bis in den Tod liebt. Das ist der einzige Gott, an den ich noch glauben kann und will.

Die folgenden Predigten und Andachten sind das Ergebnis dieses Ringens und Suchens nach Gott. Ich wünsche Ihnen, dass sie auch Ihnen bei Ihrer Suche helfen mögen.

Inhaltsverzeichnis

Andachten:

Andacht zum Sommer:

"Ich glaube an Christus, so wie ich glaube, dass die Sonne aufgegangen ist, nicht nur, weil ich sie sehe, sondern weil ich durch sie alles andere sehen kann."

Diese Worte schrieb der berühmte Autor C.S. Lewis und in unseren hellen Sommertagen wird es sehr anschaulich, was er damit gemeint hat. Die Sonne badet die Welt in ihr warmes Licht und auf einmal sieht sie ganz anders aus als in den düsteren, kalten Wintermonaten – der Mensch und die Natur spüren es und blühen auf.

Ohne Licht würden wir all diese Wunder, die uns täglich umgeben, gar nicht sehen können, wir hätten keinen Blick für die Welt. Unsere Augen alleine reichen noch nicht - wir brauchen Licht um zu sehen. Ein früherer Studienkollege von mir meinte mal, dass Licht das Altruistischste sei, das es gibt, denn niemand kann das Licht sehen, aber es macht für uns die Welt erst sichtbar.

Darum lässt sich das Licht so gut mit Jesus Christus vergleichen, wie es C.S. Lewis getan hat und vor ihm bereits die Schreiber der Bibel. Sein Licht ist freilich nicht für unsere Augen bestimmt, sondern für unsere Herzen. Es ist das Licht der Hoffnung, die er in die Welt gebracht hat und dieses Licht kann uns zu einem neuen Verstehen unserer selbst und dieser Welt führen. Jesus macht sichtbar wie sehr Gott eine jede und einen jeden von uns liebt, und er macht auch die Hoffnung sichtbar, zu der wir deswegen berufen sind. Eine Hoffnung, die alle Grenzen sprengt - selbst die des Todes. In diesem Lichte sieht die Welt ganz anders aus. Das Dunkle ist damit zwar noch nicht verschwunden, aber seine Auferstehung macht sichtbar, dass Gottes Liebe das letzte Wort behalten wird – in unserem Leben und auf dieser Welt.

In diesem Sinne wünsche ich Ihnen helle Sommertage in jeder Hinsicht - Licht für Ihre Augen und Licht für Ihre Herzen.

Andacht zur Jahreslosung 2014: „Gott nahe zu sein ist mein Glück" – Ps 73,28

Liebe Mitarbeiterinnen und Mitarbeiter, liebe Schwestern und Brüder,

„Gott nahe sein ist mein Glück" so lautet die Jahreslosung 2014. Ich weiß nicht wie es Ihnen dabei geht, aber ich finde diese Losung ziemlich herausfordernd. „Gott nahe sein ist mein Glück" - was bedeutet das? Wenn man mich fragen würde, was mich glücklich machen würde, dann kämen wie aus der Pistole geschossen eine Menge Antworten: Sorgenfrei leben können, das Vikariat und die zweite kirchliche Dienstprüfung schaffen, Zeit mit Freunden und Familie verbringen dürfen, vielleicht eines Tages doch noch der Richtigen begegnen und selbst eine Familie gründen etc., etc. … . – Auf diese Dinge käme ich sehr schnell!

Aber „Gott nahe sein", wäre wohl nicht die allererste Antwort, die ich geben würde – wenn ich wirklich ehrlich bin. Das klingt so abstrakt, so wenig greifbar!

Doch jetzt tritt da aber so ein Mann auf, Asaf ein Dichter, der vor vielen Tausend Jahren gelebt hat und trifft diese ganz persönliche Aussage, welche nun unsere Jahreslosung ist: Mein Glück ist es Gott nahe zu sein!

Und das irritiert mich, macht mich neugierig. Was ist dieser Asaf für ein Mensch, der unsere Jahreslosung gedichtet hat? „Gott nahe sein ist mein Glück" - Meint er das ernst oder hat er das nur gesagt, weil es so schön fromm klingt? Ist er wieder so ein ganz besonders Heiliger, der einfach ZU heilig ist, als dass er sich mit den Glücksvorstellungen, Wünschen, Hoffnungen und Problemen von normalen Menschen herumschlägt? Ist er so ganz in Gott versunken, dass ihn das irdische Glück und Unglück nicht mehr interessiert?

Wenn er so ein Mann wäre, dann wäre er zwar ein ganz besonders heiliger Heiliger, den man aus der Ferne bestaunen könnte, wie er weit entrückt über der Erde schweben würde – aber es würde mir schwer fallen von ihm zu lernen, dazu wäre er mir viel zu ferne!

Allerdings, Asaf war kein solcher, sondern er war ein Mensch wie Sie und ich! Das merken wir spätestens dann, wenn wir den ganzen Psalm lesen, aus dem unsere Jahreslosung stammt! Denn unsere Jahreslosung „Gott nahe sein ist mein Glück" stammt aus dem 73. Psalm und der ist ein Klagepsalm! – Das fasziniert mich!

Wenn wir den ganzen Psalm lesen, dann sehen wir einen Menschen, der in einer bis zur Unerträglichkeit gesteigerten Lebensnot steckt! Asaf verzweifelt buchstäblich an Gott und der Welt! Er hat sich alle Mühe gegeben ein ehrliches Leben zu führen und trotzdem geht es mit ihm bergab, ein Schicksalsschlag jagt den nächsten und nun sieht er sogar dem Tod ins Auge. Gleichzeitig sieht er, wie es den rücksichtslosen, egoistischen Menschen scheinbar immer gut geht, wie die Bösen immer mit vollen Taschen davonkommen, während die Ehrlichen, Gutherzigen die ewigen Verlierer sind! Das ist für ihn unerträglich und noch schlimmer ist es für ihn, dass Gott das nicht zu interessieren scheint! Gott schweigt zu all dem Unrecht! Das hält Asaf nicht im Kopf aus! Das macht ihn rasend vor Wut und Verzweiflung! Und in dem Psalm, aus dem unsere Jahreslosung stammt, berichtet Asaf von seinen fürchterlichen inneren Kämpfen. Das ganze Buch der Psalmen ist voll von solchen Kämpfen, von Gebeten, wo Menschen ihren ganzen Frust schonungslos Gott vor die Füße werfen! - Und genau das finde ich so beeindruckend! Das ist es, was man von Asaf und den anderen Psalmbetern lernen kann!

Denn sie haben die gleichen Fragen, die gleichen Probleme wie alle anderen Menschen auch – sie sind keine weltfremden Heiligen! Sie leiden und trauern genauso, doch in all dem Unglück bleiben sie trotzdem an Gott dran! - Sie klagen zu ihm und das tun sie, weil sie etwas von Gott erwarten! Würden sie nichts mehr von Gott erwarten, dann würden sie auch nicht zu ihm klagen!

Es ist so leicht, so unendlich leicht zu sagen Gott gibt es entweder nicht oder er interessiert sich nicht für mich! Ich mach jetzt mein eigenes Ding und lass Ihn einen guten Mann sein! Asaf war SO DICHT davor genau das zu tun! Aber er und die anderen Psalmbeter wollten sich nicht mit einer Welt ohne Gott abfinden und genauso so wenig wollten sie wahrhaben, dass Gott gleichgültig ist! Darum bleibt ihnen nur weiter im Gebet an Gott dranzubleiben, nicht aufzuhören ihn zu suchen, zu fragen, im Gebet zu kämpfen und zu klagen! – Das heißt: Nicht aufzuhören von Gott etwas zu erwarten!

Liebe Schwestern und Brüder, kennen Sie solche Momente? Wenn man das Gefühl hat, dass alle Felle davonschwimmen? Wenn man denkt, man betet ins Leere, wenn man sich müde betet und nichts geschieht? Wenn man sich schon fast lächerlich vorkommt noch weiter zu beten, nachdem man es so oft schon vergeblich getan hat? Man betet und betet und keine Antwort kommt!

Genau so müssen sich auch die Psalmschreiber oft gefühlt haben, doch sie haben nicht aufgehört! Und das lohnt sich! - Ich kann hier stehen und Ihnen aus eigener Erfahrung sagen, dass es sich lohnt trotzdem weiterzumachen, so wie es Asaf und die Psalmbeter getan haben!

Allein die Tatsache, dass ein Mensch nicht aufhört Gott zu suchen, zu fragen, im Gebet zu kämpfen und zu klagen, ist bereits der Anfang der Gebetserhörung! Denn es ist eine Gabe Gottes das tun zu dürfen, anstatt die Kommunikation abzubrechen. Wer so dranbleibt, dem gilt das Versprechen unseres Herrn Jesus: „Wer sucht, der findet" – Es kann nur manchmal quälend lange dauern....

Asaf fand schlussendlich seinen Frieden, als er in das Heiligtum ging und Gott ihm dort auf eine Weise begegnete, dass er eine ganz erstaunliche Erkenntnis machen durfte! Noch Jahrhunderte bevor unser Herr Jesus an Ostern den Tod besiegt hat, durfte Asaf schon erahnen, dass Gottes Liebe am Ende stärker sein wird als sein Leid und Tod! Er hatte noch keinen Begriff wie „Auferstehung“ dafür, aber er ahnte, dass Gott doch immer bei ihm bleiben würde und dass diese Beziehung nicht mal der Tod zerstören kann! So kam er nach all den Fragen und Kämpfen wieder zu Gott und zu sich selbst und erfuhr was es heißt: „Gott nahe sein ist mein Glück“

Das ist das Bekenntnis eines Menschen, der dem Leid nicht ausgewichen ist, sondern nie aufgehört hat es vor Gott zu bringen und so in all den Kämpfen Gottes Nähe gesucht hat! Es ist das Bekenntnis eines Menschen, der nie aufgehört hat etwas von Gott zu erwarten!

Wir Christinnen und Christen haben noch ein viel besseres Heiligtum, als damals Asaf, wir haben ein lebendiges Heiligtum, in dem uns Gott begegnen möchte! Wir haben Jesus, den auferstandenen Herrn, der selber so viel Leid erdulden musste! Zu ihm dürfen wir mit all den Fragen und Klagen kommen, die uns umtreiben und er wird uns antworten, auf die Weise, die er will. - Klar kann er mit Licht, Donner und Blitz kommen, aber meist ist sein Liebesgruß aus dem Himmel sehr viel subtiler gehalten - sei es durch ein Ereignis, durch andere Menschen, durch einen tiefen Frieden, den wir nach langem Kampf verspüren – er kann uns auch auf eine Art ansprechen, die so auf uns zugeschnitten ist, dass nur wir alleine sie decodieren können! – Er hat tausend Wege uns zu sagen: Hab keine Angst, ich bin dir nahe! Ich hab dich lieb!

Und dass dieser Herr bei uns ist, in guten und schlechten Zeiten, ist unser Glück!

Darum wünsche ich uns allen, dass wir nie aufhören Großes von Gott zu erwarten! – So wie Asaf! – Amen!

Predigten

Predigt zur Jahreslosung 2012

„Christus spricht: Meine Kraft ist in den Schwachen mächtig“ - 2. Kor. 11,12.

Ich habe diese Predigt in einer internationalen Gemeinde gehalten, in der viele nicht so gut Deutsch konnten, deswegen habe ich sehr einfache Worte gewählt und die „Gute Nachricht“ als Bibel verwendet, statt die Lutherbibel.

Ein frohes und gesegnetes neues Jahr – das wünsche ich einem jeder und jedem Einzelnen von euch!

Der heutige Predigttext ist die Jahreslosung 2012 und steht im 2.Korintherbrief.

Jesus Christus spricht: „Meine Kraft ist in den Schwachen mächtig."
- 2. Kor. 11,12.

Zunächst werden wir uns den Zusammenhang ansehen, in den der Herr diese Verheißung hineingesprochen hat. Paulus ringt um die Gemeinde in Korinth. Eine Gruppe von Predigern und Wundertätern war aufgetreten, welche die Korinther mehr und mehr auf ihre Seite zogen und gleichzeitig von Paulus und dem Evangelium, das er predigte, entfernten. Stark und stolz waren diese Männer, die Paulus deswegen auf sehr ironische Weise „Überapostel" nannte. Verglichen mit diesen mächtigen Überaposteln war Paulus eine kümmerliche Erscheinung. Auf wen würden die Korinther am Ende hören? In diese Auseinandersetzung sind die Verse unserer Jahreslosung hineingesprochen. Paulus hält den Korinthern nun ein ganz anderes Apostelbild entgegen als das seiner Gegner. Das tut er, indem er ihnen aus einer Episode seines Lebens erzählt. Er erzählt ihnen aber nicht von seinen großen Erfolgen, die er auf seinen Missionsreisen hatte, nicht von den großen Triumphen seines Lebens. Die Geschichte, die er ihnen erzählt ist ganz anderer Art, er erzählt den Korinthern von seiner Schwäche. Er erzählt von seinem Leiden, wir wissen heute nicht mehr genau, was das für ein Leiden war, aber es war schlimm genug, dass Paulus deswegen dreimal zum Herrn flehte. Und was war die Antwort? Ich lese: 2. Korinther 12,9 **„Aber der Herr hat zu mir gesagt: »Du brauchst nicht mehr als meine Gnade. Meine Kraft ist in den Schwachen mächtig«"**

Das hat der Herr dem Apostel geantwortet und nun eröffnet sich für Paulus eine völlig neue Perspektive auf seine eigene Schwäche. Er schreibt den Korinthern daraufhin von dem, was einen Apostel wirklich ausmacht, nicht seine Stärke, so wie bei den Überaposteln, sondern gerade seine Schwäche: **„Jetzt trage ich meine Schwäche gern, ja, ich bin stolz darauf, weil dann Christus seine Kraft an mir erweisen kann. Darum freue ich mich über meine Schwächen, über Misshandlungen, Notlagen, Verfolgungen und Schwierigkeiten. Denn gerade wenn ich schwach bin, dann bin ich stark."**

Liebe Geschwister in Christus, wir sehen hier, dass das Reich Gottes nach ganz anderen Gesetzen verläuft wie die Welt, die wir kennen und in der wir Tag für Tag zu leben haben. Wir sehen hier eine Verkehrung der Verhältnisse.

In der Welt muss man sich Tag für Tag behaupten, in der Welt muss man stark sein, mit den anderen konkurrieren, sich möglichst gut vermarkten! Man darf sich keine Schwäche erlauben und muss deswegen eine Maske tragen, hinter die keiner zu blicken vermag! Egal wie ich mich fühle, ich darf mir nichts anmerken lassen. Ich muss immer so tun, als sei alles in Ordnung, als funktioniere ich einwandfrei wie eine Maschine! – Ich empfinde es als sehr anstrengend mich immer bemühen zu müssen besser dazustehen als ich bin!

Wie anders ist es doch beim Herrn Jesus Christus! Bei ihm wird das Große ganz klein (Lukas 14,11), die Ersten die Letzten und die Letzten die Ersten (Lukas 13,30)! Das können wir in den Evangelien ständig aufs Neue erleben, denn der Herr suchte nicht die Angesehenen, Großen und Mächtigen dieser Welt auf, sondern ging zu den Schwachen und Verachteten. Das waren damals die Zöllner und Sünder und in der antiken patriarchalischen Gesellschaft auch die Frauen, welche verachtet und nahezu rechtlos waren. Zu ihnen kam der Herr und sie berief er in seine Nachfolge und würdigte sie mit der Ehre Kinder Gottes heißen zu dürfen! Paulus schreibt deswegen an anderer Stelle: **„Schaut doch euch selbst an, Brüder und Schwestern! Wen hat Gott denn da berufen? Es gibt ja nicht viele unter euch, die nach menschlichen Maßstäben klug oder einflussreich sind oder aus einer angesehenen Familie stammen. Gott hat sich vielmehr in der Welt die Einfältigen und Machtlosen ausgesucht, um die Klugen und Mächtigen zu demütigen. 28 Er hat sich die Geringen und Verachteten ausgesucht, die nichts gelten, denn er wollte die zu nichts machen, die in der Welt etwas ›sind‹. 29 Niemand soll sich vor Gott rühmen können. 30 Euch aber hat Gott zur Gemeinschaft mit Jesus Christus berufen. Mit ihm hat er uns alles geschenkt: Er ist unsere Weisheit – die wahre Weisheit, die von Gott kommt. Durch ihn können wir vor Gott als gerecht bestehen. Durch ihn hat Gott uns zu seinem heiligen Volk gemacht und von unserer Schuld befreit. 31 Es sollte so kommen, wie es in den Heiligen Schriften steht: »Wer sich mit etwas rühmen will, soll sich mit dem rühmen, was der Herr getan hat.« 1.Korinther 1,26-31**

Und weil das so ist, können wir zu IHM mit all unserer Schwachheit kommen und erfahren Liebe statt Ablehnung. Wenn wir zu ihm kommen, dann sind wir voll und ganz aufgehoben, auch mit all unserer Schwachheit.

Wo sonst darf der Mensch heute noch schwach sein, darf er ganz er selbst sein? Vor dem Herrn brauchen wir nichts zu beweisen, denn alles, was uns vor Gott besser macht, das hat er längst am Kreuz getan! - So wie wir es auch vorhin gesungen haben! Denn wenn Christus uns aus Gnade seine Gerechtigkeit geschenkt hat und durch sein Blut all unsere Sünden hinfort gewaschen sind, dann sind wir vor Gott vollkommen. Unsere Schwachheit ist bedeckt durch die Gerechtigkeit Christi. Und da geht nichts mehr darüber. Ein berühmter Prediger sagte mal: Wir können nichts tun, damit Gott uns mehr liebt und wir können nichts tun, damit er uns weniger liebt, denn von Gott sind wir vollkommen geliebt, sonst wäre Christus nicht für uns gestorben! Wir können Kopfstände machen und uns anstrengen wie wir wollen, wir können vor Gott nicht gerechter werden und besser dastehen als durch das, was unser Herr Jesus uns geschenkt hat! Seine Gerechtigkeit, die er uns schenkt, ist vollkommen und unüberbietbar.

All das könnte uns eigentlich befreien von dem Zwang uns behaupten und beweisen zu müssen. Es könnte uns frei machen zu lieben und Gutes zu tun ohne Gegenleistung zu erwarten. Es könnte uns frei machen ehrlich mit unserer Schwachheit umzugehen, weil wir uns allen Fehlern zum Trotz geliebt wissen dürfen!

Und doch standen und stehen Kirchen und christliche Gemeinden immer in der Gefahr dies aus dem Bewusstsein zu verlieren und die Verhaltensweisen dieser Welt wieder anzunehmen.

Die Überapostel, mit denen sich Paulus auseinandersetzen muss sind ein Beispiel dafür. Sie verlassen sich auf ihre eigene Stärke statt der Gnade Gottes in Christus. In den Augen der Korinther hatten diese Blender sogar ein hohes Ansehen genossen. Doch die Probleme fingen schon viel früher an, schon bei den ersten Jüngern, als sie sich drum stritten, wer unter ihnen der Größte sei (Mt 18,1-5).

In diesen Streit schreitet der Herr ein, indem er ein Kind in die Mitte der Jünger stellte, ein Kind, das noch nichts geleistet und vorzuweisen hatte, ein Kind, das schwach und schutzbedürftig war. So ein Kind stellte er als Vorbild für die Jünger hin. Das heißt, das Reich Gottes muss als Gnadengeschenk ohne Verdienst empfangen werden. Es kann nicht durch eigene Stärke erworben werden, sondern Gott schenkt es durch seinen Sohn den Menschen, ganz gleich wie stark oder schwach sie sein mögen.

Auch heute gibt es diese Gefahr - man unterscheidet zwischen guten und schlechten Christinnen und Christen, fleischlichen und geistlichen Christinnen und Christen, zwischen guten und schlechten Kirchen und Gemeinden. Sich selbst empfindet man natürlich auf der richtigen Seite und sieht dann auf die anderen herab und übersieht dabei die eigenen Schwächen. Das tut man anstatt dass man in den Mitchristinnen und Mitchristen Geschwister sieht, die von Gott so unendlich geliebt sind, dass Gott seinen Sohn für sie gegeben hat, die so unendlich geliebt sind, dass Christus sein Leben für sie gegeben hat! – Geschwister, die in IHM vollkommen sind! Ich muss gestehen, dass ich tiefe Buße in letzter Zeit darüber tun musste, wie hartherzig ich manchmal anderen Christen gegenüber gewesen bin und wie blind ich gegenüber meiner eigenen Schwachheit war! Dass Gottes Kraft in den Schwachen mächtig ist, das ist manchmal in schweren Zeiten der einzige Trost! Das Wissen, dass es nicht darauf ankommt, dass ich mich am Herrn festhalte, dass ich es schaffen muss mich in allen Lagen des Lebens zu bewähren und Glauben zu halten, sondern dass ich von Christus gehalten bin! Und niemand kann uns aus seiner und seines Vaters Hand reißen! (Joh 10,29)

Wenn ich mich auf meine eigene Kraft verlasse und mir einbilde, dass ich stark bin und mit allen Wassern gewaschen wäre, jeder Versuchung widerstehen könnte, stehe ich in der Gefahr mir am Ende doch was vorzumachen! Denken wir an Petrus, der so vollmundig gesagt hat, dass selbst, wenn er mit dem Herrn sterben müsste, er ihn nie verleugnen würde! – Wir alle wissen, wie die Geschichte weitergegangen ist!

Aber wir wissen auch, dass der Herr Petrus nicht verworfen, sondern ihn gehalten hat, ja noch mehr, dass er diesen schwachen Menschen für eine so große Aufgabe berufen hat! Und deswegen ist das Evangelium eine so frohe Botschaft! Weil unser Heil und Unheil nicht auf unserer Stärke steht, sondern allein in Christus! Und weil dort, wo unsere Möglichkeiten aufhören, Gottes Möglichkeiten erst anfangen! Die Frage ist nicht, ob wir schwach sind, sondern wie wir mit unserer Schwäche umgehen! Wollen wir unsere Schwächen selber tragen oder bringen wir sie zum Herrn? Ich glaube, da sind sie am besten aufgehoben. Denn Christus will unsere Stärke sein, Stärke um im Alltag bestehen zu können und Stärke um an seinem Reich bauen zu können. Paulus wusste das und er ist auch das perfekte Beispiel dafür. Er bekennt sich zu seiner Schwachheit, mehr noch, er rühmt sich seiner Schwachheit, doch der Herr ist stark in ihm, so stark, dass er die ganze damals bekannte Welt bereiste und überall Gemeinden gründete. Damit hat er die Welt für immer verändert! Es ist fast schon paradox, wenn so ein einflussreicher Apostel von sich behauptet er sei schwach! Und doch, genau das war der Fall! Ich finde, das ist eine große Ermutigung!

Und noch ein Letztes: Wenn Christus uns mit all unserer Schwachheit angenommen hat, dann ist es in seinem Sinne, wenn es in seinen Gemeinden und Kirchen Raum gibt für Schwachheit! Dass die christlichen Gemeinden nicht wie die Welt sind, in der man sich behaupten muss, sondern, dass Menschen dort bedingungslos geliebt und angenommen sind in aller Schwachheit und allen Kämpfen!

Jesus Christus spricht: Meine Kraft ist in den Schwachen mächtig! Das ist eine große Verheißung und ich wünsche jeder und jedem Einzelnen hier in diesem Raum, die sich schwach fühlen, dass sie und er das in diesem Jahr erleben dürft! – Amen!

Predigt 2. Sonntag nach dem Christfest, Perikopenreihe VI: Römer 16,25-27

Psalm: 96 **Schriftlesung: Johannes 1,43-51**

Die Gnade unseres Herrn Jesus Christus und die Liebe Gottes und die Gemeinschaft des Heiligen Geistes sei mit euch! – Amen!

Liebe Gemeinde,

die letzten Worte haben Gewicht! Wenn man sich für lange Zeit verabschiedet, dann haben die letzten Worte Gewicht, dann überlegt man sich gut, was man dem anderen noch mit auf den Weg geben möchte!

Um eben diese Art von letzten Worten handelt es sich bei unserem Predigttext. Paulus schreibt an die Gemeinde in Rom. Er hat ihnen bereits das ganze Evangelium aufgeschlüsselt, er hat ihnen Jesus Christus, den Gekreuzigten und auferstandenen Herrn gepredigt, er hat ihnen von Gesetz und Evangelium erzählt, Gericht und Gnade, Zorn Gottes und seine erbarmende Gerechtigkeit, er predigte die Auferstehung der Toten und dass nichts uns trennen kann von der Liebe Gottes, nicht mal die Macht von Sünde und Tod. Die Weltgeschichte entfaltete er wie ein kosmisches Drama vor den Augen der Leserinnen und Leser und offenbarte sie als eine Heilsgeschichte, eine Geschichte, die Gott mit den Menschen schreibt. Dann predigte er über die Liebe und evangelische Freiheit und verabschiedete sich in aller Form, richtete Grüße aus an die ganze Gemeinde und an bestimmte Glaubensschwestern und Brüder, die ihm besonders nahe stehen.

Eigentlich ist alles gesagt, eigentlich könnte Paulus sich jetzt zurücklehnen. – Immerhin hat er soeben den bedeutendsten Brief der Christenheit geschrieben! Den Brief, durch den Martin Luther eines Tages die Rechtfertigungslehre entdecken würde, was die Welt für immer verändern sollte!

Alles ist gesagt.

Und doch, Paulus greift nochmal zur Feder und richtet diese Abschiedsworte an die Gemeinde in Rom, sozusagen als P.S.:

Dem aber, der euch stärken kann gemäß meinem Evangelium und der Predigt von Jesus Christus, durch die das Geheimnis offenbart ist, das seit ewigen Zeiten verschwiegen war, nun aber offenbart und kundgemacht ist durch die Schriften der Propheten nach dem Befehl des ewigen Gottes, den Gehorsam des Glaubens

aufzurichten unter den Heiden: Dem Gott, der allein weise ist, sei Ehre durch Jesus Christus in Ewigkeit! Amen. – Römer 16,25-27

Das Ganze ist ein einziger Satz! Ja, Paulus und seine Schüler haben eine Vorliebe für lange Sätze, das merken alle, die sie lesen. Hier hat Paulus in einem einzigen Satz nochmal den Inhalt seines gesamten Briefes zusammengefasst! Gerade so als würde Paulus seinen Leserinnen und Lesern damit zurufen wollen: „Es ist zwar alles gesagt, aber deswegen wollen wir nicht schweigen! Nein! Das Evangelium muss weiter erzählt werden, muss immer neu erzählt werden! Muss bis in alle Ewigkeit erzählt werden!"

Und all das hat ein tiefstes und letztes Ziel, einen Punkt, in dem alle Linien zusammenführen - das Lob Gottes!

Dem Gott, der allein weise ist, sei Ehre durch Jesus Christus in Ewigkeit! Amen.

Nach allem was gesagt ist, ist es das, was am Ende bleibt. Es ist der Schluss des Römerbriefes, aber nicht nur das, denn im Glauben dürfen wir mit Paulus erkennen, dass dies auch der Schluss der Weltgeschichte sein wird! Am Ende steht das Gotteslob und das führt hinein in die Ewigkeit - so wie es hier geschrieben steht!

Ehre sei Gott durch Jesus Christus in Ewigkeit! Warum durch ihn? Was bedeutet das? Was bedeutet das für Sie und mich?

Ich glaube es bedeutet, dass wir eine Zukunft haben! Eine ewige Zukunft! Gott kann von uns Menschen nur bis in Ewigkeit gelobt werden, weil Jesus Christus das Tor zur Ewigkeit ist! Er ist auferstanden, hat dem Tod die Macht genommen und spricht: „Ich lebe und ihr sollt auch leben!" Durch Jesus Christus hat uns Gott gezeigt, dass es Hoffnung gibt für uns alle! Alle, die es glauben wollen, können in ihm das Versprechen auf ein glückliches Ende erkennen - ein Happy End! Ein Happy End jenseits aller Mauern aus Tod und Verzweiflung, welche uns und die gesamte Menschheit umgeben!

Es ist als ob uns Gott durch Jesus sagt: Hinter diesen Mauern kommt noch was! Hinter diesen Mauern wartet eine unaussprechliche Freude, die euch niemand nehmen kann! Es wird alles gut! Am Ende wird alles gut!

Liebe Gemeinde, ich weiß nicht wie es Ihnen geht, aber ich sehne mich von ganzem Herzen nach so einem Happy End! Zugleich fällt es mir oft so schwer daran zu glauben! Mir geht es oft so, dass ich es einfach nicht ertragen kann, ich will schon gar nicht mehr die Nachrichten einschalten und von all dem Leid hören, ich will schon gar nicht mehr wissen, welches Flüchtlingsschiff wieder versunken ist und wer wieder wen zusammengeschlagen, vergewaltigt oder ermordet hat! Ich sehe Leid und bin machtlos es zu ändern, ich bete für die Menschen und nichts geschieht, sie sterben trotzdem! Vor einigen Tagen, als ich diese Predigt schrieb, eben an diesem Tag ist der Bruder einer ehemaligen Nachbarin gestorben, für den ich so gebetet hatte, wo ich so auf ein Wunder gehofft hatte!

Ein kluger Mann sagte mal, dass es keine Kunst sei, an das Böse zu glauben, denn das Böse umgibt uns tagtäglich von allen Seiten! Es ist eine Kunst bei all dem Bösen an das Gute zu glauben! Ich würde diesen Satz noch präzisieren: Es ist eine Gnade, eine Gottesgabe trotz allem Bösen an das Gute glauben zu können!

Nach all den Ozeanen an Tränen, die auf dieser Welt schon vergossen wurden, nach all den Meeren an unschuldigem Blut, nach all dem himmelschreienden Unrecht, nach all den ungestillten Sehnsüchten, nach all der Verzweiflung ist man fast versucht zu sagen, dass nicht mal ein Gott das wieder gut machen kann!

Und doch, wenn ich auf Jesus Christus sehe, dann kann ich trotz aller Zweifel mit meinem schwachen Glauben eine unglaubliche Hoffnung ergreifen! Im Glauben kann ich über die Mauern sehen und erkennen, dass für Sie und mich kein Ende mit Schrecken wartet und auch kein Schrecken ohne Ende, sondern der Gott, der sich in Jesus Christus für uns alle dahingegeben hat! Der Gott, der Sünde, Leid und Tod ertragen und für uns überwunden hat! In Jesus Christus erkennt mein schwacher Glaube den Gott, der uns so liebt, dass nichts uns von seiner Liebe trennen kann und der alles gibt, damit wir für immer bei ihm, in seiner Freude sein können! - Den Gott, der einmal alle Tränen abwischen wird, wie es uns im letzten Buch der Bibel versprochen wird!

Manchmal ist mein Glaube nur noch eine Richtung, in die ich mein Seufzen und Sehnen nehmen lasse, nur noch ein zitterndes Tasten, doch solange diese Richtung Jesus Christus, der auferstandene Herr ist, solange genügt auch ein Glaube, der wie ein Senfkorn ist, wie ein glimmender Kerzendocht, denn Gott wird den glimmenden Docht unseres Glaubens nicht erlöschen lassen, sondern ihn neu entfachen!

Darum schreibt Paulus auch zu Beginn unseres Predigttextes, dass Gott uns stärken kann gemäß dem Evangelium Jesus Christi! Denn Gottes Handeln in Jesus Christus fordert den Menschen zum Glauben heraus! Der Gott, der oft so fern und unerreichbar wirkt, den man so oft scheinbar vergeblich anruft, dieser Gott hat sich in Jesus Christus ganz auf unsere Seite gestellt und deswegen dürfen, ja sollen wir alles von ihm erwarten und erhoffen, niemals die Hoffnung verlieren und nie aufgeben! Das ist es, was Paulus mit „Gehorsam des Glaubens" in unserem Predigttext meint. Er meint damit keinen blinden Gehorsam gegenüber irgendeiner Ideologie, sondern, dass wir unser Leben von Hoffnung bestimmen lassen, statt von Angst! Dass wir das Vertrauen nicht verlieren, egal wie dunkel es sein mag, sondern immer auf Jesus Christus, den Anfänger und Vollender des Glaubens blicken.

Denn in ihm hat Gott uns alles versprochen, er ist Gottes Ja zu uns, das Amen auf alle Verheißungen - wie geschrieben steht:

Was wollen wir nun hierzu sagen? Ist Gott für uns, wer kann wider uns sein? Der auch seinen eigenen Sohn nicht verschont hat, sondern hat ihn für uns alle dahingegeben – wie sollte er uns mit ihm nicht alles schenken?

Jesus, der Sohn Gottes, ist die Verkörperung der christlichen Hoffnung. An ihn dürfen wir uns in aller Not wenden, ihn dürfen wir aufsuchen wie eine Klagemauer, an der wir alle unsere Not, Zweifel und Enttäuschung klagen können! Er ist der wahre Tempel, in dem uns Gott begegnen möchte! Er ist die Auferstehung und das Leben! Er ist derjenige, der alles gut machen wird – er ist das Happy End!

Gott möge uns alle gemäß dieser Hoffnung stärken, damit wir sie in unseren Herzen tragen! Denn die christliche Hoffnung möchte keine Vertröstung sein, sondern sie möchte auch schon jetzt unsere Gegenwart hell machen! Hell machen, so dass wir uns nicht in unserer Verzweiflung ergeben. Hell machen, damit wir uns gegenseitig trösten können. Hell machen, damit wir uns nicht damit abfinden, dass die Welt so ist, wie sie ist, sondern das Gute tun, getragen von Hoffnung! Denn im Glauben dürfen wir erkennen, dass die Nacht zwar vorgerückt ist, aber Gottes neuer Morgen anbrechen wird! Sein neuer Morgen wird kommen - im Leben jeder und jedes einzelnen von Ihnen und auch in der ganzen Welt!

Dann wird es endlich alles gut, dann wird die Schöpfung Gesang sein, dann wird es endlich heißen, wie am Ende des Römerbriefes:

Dem Gott, der allein weise ist, sei Ehre durch Jesus Christus in Ewigkeit!

Dieses Gotteslob ist keine verordnete, aufgesetzt Fröhlichkeit, sondern das Jubeln der erlösten Menschheit, die mit Christus durch alles Leid hindurchgeschritten ist und es hinter sich gelassen hat und nun eine Freude erfährt, die niemand gekannt hat, auf die niemand zu hoffen gewagt hat!

Gottes Liebe wird bei auch bei Ihnen zu diesem Ziel kommen, durch Jesus Christus unseren Herrn! –

Ich wünsche Ihnen allen, dass sie mit dieser Zuversicht auch in dieses neue Jahr gehen! - Amen!

Predigt - Gründonnerstag, Perikopenreihe III: Markus 14,17-25

Und am Abend kam er mit den Zwölfen. 18 Und als sie bei Tisch waren und aßen, sprach Jesus: Wahrlich, ich sage euch: Einer unter euch, der mit mir isst, wird mich verraten. Und sie wurden traurig und fragten ihn, einer nach dem andern: Bin ich's? Er aber sprach zu ihnen: Einer von den Zwölfen, der mit mir seinen Bissen in die Schüssel taucht. Der Menschensohn geht zwar hin, wie von ihm geschrieben steht; weh aber dem Menschen, durch den der Menschensohn verraten wird! Es wäre für diesen Menschen besser, wenn er nie geboren wäre. Und als sie aßen, nahm Jesus das Brot, dankte und brach's und gab's ihnen und sprach: Nehmet; das ist mein Leib. Und er nahm den Kelch, dankte und gab ihnen den; und sie tranken alle daraus. Und er sprach zu ihnen: Das ist mein Blut des Bundes, das für viele vergossen wird. Wahrlich, ich sage euch, dass ich nicht mehr trinken werde vom Gewächs des Weinstocks bis an den Tag, an dem ich aufs Neue davon trinke im Reich Gottes.

Liebe Gemeinde,

es wird Abend in Jerusalem. Die Sonne neigt sich, die Schatten werden länger.

Auch im irdischen Leben unseres Herrn wird es nun Abend. Er versammelt seine zwölf Jüngern um den Tisch, er will mit ihnen nochmals das Passah feiern, das Fest, an dem sich Israel jedes Jahr neu an seine wundervolle Befreiung aus der Knechtschaft in Ägypten erinnert. Doch diesmal ist an diesem doch so vertrauten Ritual etwas anders - dramatisch anders, denn das gemeinsame Essen des Passahlammes wird zum Abschiedsmahl Jesu. Das Kreuz wirft bereits seinen langen, dunklen Schatten auf die Szenerie.

Während außerhalb der Gemeinschaft die Gegner Jesu bereits übereingekommen sind, ihn in dieser Nacht noch zu verhaften, ihn dem Tode preiszugeben, während sich diese dunklen Wolken von außen her über ihn zusammenbrauen, sitzt bereits der Verräter innerhalb des Jüngerkreises, so nah, dass er seinen Bissen in dieselbe Schüssel taucht - so nah, dass sich ihre Finger fast berühren! Jesus kann sich auf niemanden mehr verlassen - selbst bei seinen engsten Vertrauten, die sich mit ihm um den Lichtschein des gedeckten Tisches versammelt haben, selbst in diesem letzten Schutzraum, der ihm geblieben ist, lauert bereits Verrat! Seine Gemeinschaft ist keine Gemeinschaft mehr, sie ist bereits zerrüttet und zerstört! Auch die anderen der zwölf

Jünger werden ihn in Kürze im Stich lassen, Petrus wird ihn sogar dreimal verleugnen.

Der Tag hat sich nun endgültig dem Ende geneigt und die Nacht ist angebrochen. Jesus weiß, dass sein irdisches Leben sich nun unweigerlich dem Ende nähert. Er weiß, dass er, der doch das Licht der Welt ist, bald schon am Kreuz eine unaussprechliche Dunkelheit erfahren wird - dann, wenn er die Sünden der Welt ans Kreuz trägt, dann, wenn er von Menschen verlassen sterben muss, dann, wenn er selbst von Gott seinem Vater verlassen sterben muss! Diesen letzten Gang in die tiefsten und dunkelsten Abgründe der Verzweiflung und des Leides wird er ganz alleine gehen müssen.

Wie schwer muss doch sein Herz geworden sein - wie tief die Not, wie dunkel die Nacht, die nun mit eisiger Hand nach seiner Seele greift! Allein und verlassen unter vielen, in einer Gemeinschaft, die doch keine Gemeinschaft mehr ist! Niemand von ihnen versteht den Schmerz und die Bürde, die er in diesem Moment zu tragen hat.

In einem Lied aus meinen Kindertagen blieb mir eine Strophe sehr eindrücklich in Erinnerung: „In mein Herz sieht keiner hinein, ich bin unter Tausenden allein.“ Genau so muss der Herr sich gefühlt haben, er war ganz allein!

Dennoch, das Licht Jesu scheint in der Finsternis, es scheint auch hinab in die dunkelsten Abgründe der menschlichen Seele, es deckt auf, dass der Verräter mitten im Jüngerkreis ist und danach verkündigt Jesus:

Der Menschensohn geht zwar hin, wie von ihm geschrieben steht; weh aber dem Menschen, durch den der Menschensohn verraten wird!

Der Menschensohn, das ist Jesus. Dieser Titel: Menschensohn, steht nicht im Gegensatz zu seiner Gottessohnschaft, er ist vielmehr ein weiterer Hoheitstitel, denn der Prophet Daniel weissagte von einem Menschensohn, der eines Tages ein ewiges Friedensreich aufrichten wird. Doch dieser Menschensohn muss dahingehen wie geschrieben steht, er muss sterben, so sagt es Jesus. Wir können also sehen, Betrug und Verrat von Menschenhand liefern den Menschensohn ans Messer, doch hinter diesem Wahnsinn steht noch ein anderer Wille, ein göttlicher Wille, der gerade in dieser scheinbaren Niederlage zu seinem Ziel kommt. In diesem schrecklichen Geschehen erfüllt sich also das Prophetenwort.

Das ernste Gerichtswort über den Verräter zeigt hingegen deutlich, dass ein Mensch immer verantwortlich für seine Taten bleibt, selbst dann, wenn er dadurch ungewollt der Erfüllung des göttlichen Willens dient. Gott kann in seiner Allmacht Böses zum Guten wenden, doch deswegen ist das Böse noch lange nicht gut!

Jesus wusste also um das, was ihn nun erwarten würde und obgleich er sich in tiefster und realster Not befand, stellte er sich seinem Schicksal. Selbst diese große und bedrohliche Dunkelheit konnte das Licht Jesu nicht zum Verlöschen bringen. Gerade in seinem schwächsten Moment ging die größte Kraft von ihm aus.

Dies, liebe Gemeinde, enthüllt sich uns im Geheimnis des Abendmahles. Es deutet alles, was hernach geschieht, das Dahingehen des Menschensohnes, den schrecklichen Tod am Kreuz. Im Lichte von dem, was Jesus nun am Tisch mit seinen Jüngern tut, erkennen wir einen Sinn in all dem Wahnsinn, der nun kommen wird! Einen Lichtschein in der Dunkelheit!

Und als sie aßen, nahm Jesus das Brot, dankte und brach's und gab's ihnen und sprach: Nehmet; das ist mein Leib. Und er nahm den Kelch, dankte und gab ihnen den; und sie tranken alle daraus. Und er sprach zu ihnen: Das ist mein Blut des Bundes, das für viele vergossen wird.

Jesus schenkt sich seinen Jüngern: so wie das Brot gebrochen wird, so wird auch der Leib des Herrn gebrochen und für sie gegeben. So wie der Wein vergossen wird, so wird auch das Blut Christi für sie vergossen. Er gibt sein Leben dahin. Das, was wie eine Katastrophe aussieht, das, was wie das Scheitern Jesu aussieht, das hat einen Sinn.

Jesus hat sich nicht umsonst in diese Todesnacht begeben. Das wird an dieser Stelle überdeutlich: mit seiner Hingabe, seinem vergossenen Blut stiftet er etwas Neues, er stiftet einen Bund, wie es in diesem Text heißt. Dieser Bund ist anders, als alles was bisher dagewesen war, denn er besteht in einer Liebe, die zum Äußersten geht:

sein ganzes Leben hier auf Erden war bereits ein sich Hingeben für die Menschen.

Den Außenseitern, die von den anderen bereits abgeschrieben wurden, galt ganz besonders seine Zuwendung. Er nahm sie an, was ihm den Hohn und Spott seiner Feinde brachte.

Zöllner, Sünder und Prostituierte, galten als der Abschaum der Gesellschaft, doch Jesu hatte Tischgemeinschaft mit ihnen. Tischgemeinschaft zu haben, das bedeutete damals den anderen so anzunehmen wie er ist, ihn zu akzeptieren, ja noch mehr, es bedeutete sich mit dem anderen zu verbinden. Wenn Jesus, der menschgewordene Gottessohn, Tischgemeinschaft mit den Ausgegrenzten und Verachteten hatte, wenn er bei ihnen einkehrte, dann bedeute das, dass er ihnen auf diese Weise eine Würde verlieh, welche weitaus größer war als die Würde, welche die Gesellschaft ihnen genommen hatte, die Würde sich als Kinder Gottes begreifen zu dürfen, die Würde sich als Tischgenossen Gottes verstehen zu können. Kein Wunder, dass dies den Widerspruch seiner frommen Gegner auslöste.

So war Jesu ganzes irdisches Leben ein Heilen und Zurückbringen von Menschen aller Couleur. Und das, was am Kreuz geschah, war der Höhepunkt und die Vollendung dieses

Werkes. Im Lichte des Abendmahles erkennen wir den Sinn hinter diesem Selbstopfer. In Überbietung zu dem, was er bereits sein ganzes Leben lang getan hat, lädt er die Seinen nicht nur zu sich ein, um mit ihnen Tischgemeinschaft zu haben - nein, in dieser Gemeinschaft reicht er sich selber dar, sein eigenes Leben. Er verbindet sich mit ihnen, er macht sich eins mit ihnen, so sehr, dass ein Austausch stattfindet: er nimmt das auf sich, was sie so beschwert und niederdrückt, ihre Versäumnisse, ihre Fehler und Sünden, das, was ihr Herz und Gewissen gefangen nimmt, ja selbst ihren Tod stirbt er, er nimmt alles auf sich, was sie von Gott zu trennen vermag. Deswegen wird er auch am Kreuz ausrufen **„Mein Gott, mein Gott, warum hast du mich verlassen?“** Stattdessen gibt er ihnen seinen Frieden, die Gewissheit von Gott angenommen zu sein. Er gibt ihnen Anteil an seinem Auferstehungsleben, das nicht mal der Tod zerstören konnte. Er stiftet eine neue Gemeinschaft und einen neuen Bund, der so stark ist, dass er nie vergehen wird.

Deswegen sagte der Herr auch:

Wahrlich, ich sage euch, dass ich nicht mehr trinken werde vom Gewächs des Weinstocks bis an den Tag, an dem ich aufs Neue davon trinke im Reich Gottes.

Was an jenem Abend gestiftet wurde, was am Kreuz besiegelt wurde, das gilt für die Ewigkeit. Matthäus ergänzt in seinem Evangelium noch auf eine schöne Weise, dass Jesus gemeinsam mit uns vom Gewächs des Weinstocks trinken möchte.

Liebe Gemeinde,

jede und jeder Einzelne von uns darf wissen: wie Jesus die Jünger damals zu sich eingeladen hat, so wie er damals mit ihnen Tischgemeinschaft haben wollte, so will er nun mit uns allen Tischgemeinschaft haben. Wir alle sind eingeladen und uns allen gelten dieselben Verheißungen und Segnungen.

Ganz gleich in welcher Lage du dich befinden magst, ob es dir gerade gut gehen mag oder ob auch du dich in einer tiefen Nacht befinden magst, du bist willkommen hier am Tisch des Herrn. Du bist eingeladen hier in der Gegenwart Gottes, in seinem Lichte, zur Ruhe und zur Besinnung zu kommen, ein Stück Ewigkeit fassen zu dürfen

Du bist eingeladen einen Blick aus der Vogelperspektive auf dein Leben wagen zu dürfen. Es mag vieles in der Nacht noch verwirrend, formlos und ungewiss erscheinen. In der Dunkelheit kann man vieles kaum oder nur verschwommen erkennen, doch in weiter Entfernung, dort hinter den Bergen - von unten kann man es noch gar nicht erkennen - da sind schon die ersten Lichtscheine zu sehen, sie kündigen den neuen Tag an!

Dort, wo das Licht ist, liegt unsere Zukunft, denn auch die längste Nacht geht vorbei! Jesus selbst ist dieses Licht, seine durchbohrten ausgebreiteten Arme warten darauf uns in Empfang zu nehmen.

Jedes Abendmahl ist eine neue Bestätigung dieser Verheißung, ein Lichtstrahl aus der Ewigkeit in unsere Finsternis gesandt. So erhebt sich durch all die Abendmahle ein Lichtermeer in der dunklen Weltnacht, eine Spur, die vom Jahre 35 an durch die Nebel der Zeit hindurch immer weiter führt bis ans sichere Ziel in der Ewigkeit.

Mit diesem Wissen können wir neuen Mut und neue Kraft schöpfen, auch für die Wegstrecke, die noch vor uns liegt. Wir brauchen keine Angst mehr zu haben, weil wir wissen dürfen, dass am Ende alles gut wird! Diese Vogelperspektive kann unser Leben in einem neuen Licht erscheinen lassen, sie kann uns Mut machen mit seiner Hilfe voranzuschreiten und uns nicht von Versagensangst lähmen zu lassen. Denn wir müssen uns nicht mehr von dem her verstehen was wir leisten können, sondern dürfen uns von Jesus her verstehen, der uns bedingungslos annimmt so wie wir sind, der Tischgemeinschaft mit uns haben möchte und wir ihm so kostbar sind, dass er sich uns geschenkt hat.

Im Lichte dieser Hoffnung dürfen wir auch unser Leid neu begreifen. Es ist dadurch weder harmlos geworden noch aufgehoben, doch wir dürfen wissen, dass es mehr für uns gibt, als nur dieses Leben!

Jesus hat uns zwar nicht aus unserer Nacht hinausgerissen, aber er ist zu uns in diese Nacht herabgekommen, um sie gemeinsam mit uns zu erleiden und zu durchleiden! Er ist bei uns, dessen können wir uns neu im Abendmahl vergewissern.

Und so sicher wie das ist, so sicher wird auch der neue Tag anbrechen, an dem wir mit ihm zusammen im Reich Gottes von der Frucht des Weinstockes trinken werden. –Amen.

Predigt - Ostersonntag, Perikopenreihe I: Matthäus 28,1-10
Psalm 118 Schriftlesung: 1.Kor 15,20-28

Die Gnade unseres Herrn Jesus Christus und die Liebe Gottes und die Gemeinschaft des Heiligen Geistes sei mit euch – Amen!

Liebe Gemeinde,

Eine dunkle, schwere Nacht liegt über Jerusalem, es ist die Nacht von Karsamstag zu Ostersonntag! Der Herr wurde gekreuzigt und mit seinem Tod starben auch all die Träume und Hoffnungen seiner Jüngerinnen und Jünger auf eine bessere Welt! Sie alle hofften auf den Anbruch von Gottes Reich, sie glaubten, dass Jesus nun alles gut machen würde und mussten dann mitansehen, wie er gefangen, gefoltert und ermordet wurde! Alles war aus und vorbei! Was blieb waren Enttäuschung, Trauer und Verzweiflung! Tiefste, schwärzeste Nacht! Alles schien verloren!

Doch dann bricht ein neuer Morgen an:

Als aber der Sabbat vorüber war und der erste Tag der Woche anbrach, kamen Maria von Magdala und die andere Maria, um nach dem Grab zu sehen. Und siehe, es geschah ein großes Erdbeben. Denn der Engel des Herrn kam vom Himmel herab, trat hinzu und wälzte den Stein weg und setzte sich darauf. Seine Gestalt war wie der Blitz und sein Gewand weiß wie der Schnee. Die Wachen aber erschraken aus Furcht vor ihm und wurden, als wären sie tot. Aber der Engel sprach zu den Frauen: Fürchtet euch nicht! Ich weiß, dass ihr Jesus, den Gekreuzigten, sucht. Er ist nicht hier; er ist auferstanden, wie er gesagt hat. Kommt her und seht die Stätte, wo er gelegen hat; und geht eilends hin und sagt seinen Jüngern, dass er auferstanden ist von den Toten. Und siehe, er wird vor euch hingehen nach Galiläa; dort werdet ihr ihn sehen. Siehe, ich habe es euch gesagt. Und sie gingen eilends weg vom Grab mit Furcht und großer Freude und liefen, um es seinen Jüngern zu verkündigen. Und siehe, da begegnete ihnen Jesus und sprach: Seid gegrüßt! Und sie traten zu ihm und umfassten seine Füße und fielen vor ihm nieder. Da sprach Jesus zu ihnen: Fürchtet euch nicht! Geht hin und verkündigt es meinen Brüdern, dass sie nach Galiläa gehen: Dort werden sie mich sehen. - Matthäus 28,1-10

Liebe Schwestern und Brüder,

dieser Text aus dem Matthäusevangelium verkündet uns die unglaublichste Botschaft, die diese Welt jemals gehört hat! Er sagt, dass es ein Grab gibt, das ist leer geworden! Einen Menschen, den der Tod nicht halten konnte!

Generationen werden geboren und sterben, der Tod verschont niemanden - weder jung noch alt! Ein Grab reiht sich an das andere und es geht immer so weiter und so weiter! – Bis hierher!

Hier, am Ostersonntag endet das!

Hier endet die Macht des Todes und hier beginnt etwas Neues! Jesus hat den Tod besiegt, nicht nur für sich selbst, sondern für uns alle!

Gott hat ihn von den Toten auferweckt und alle, die an ihn glauben, alle die auf ihn vertrauen, wird er eines Tages genauso auferwecken! – Das hat er uns versprochen! Der Tod hat keine letztendliche Gewalt mehr über diejenigen, die zu Christus gehören!

Jesus, unser Herr, ist den Weg vorangegangen und wir dürfen ihm folgen. - Wenn wir sterben, dann nimmt er uns bei der Hand und führt uns so nahe ans Herz des himmlischen Vaters, wie er selber ist!

Dann wird er alle Tränen abwischen von unseren Augen und alle unsere Wunden heilen! Nichts kann uns von seiner Liebe trennen! Bei Ihm werden wir auch alle unsere Lieben wiedersehen, in einer Welt ohne Dunkelheit, Leid und Tod! Dann werden wir sein wie die Träumenden! Wir werden unser Glück nicht fassen können! – Das bedeutet Ostern!

- Ich weiß nicht, wie es Ihnen dabei geht, aber ich finde diese Aussicht fast zu schön um wahr zu sein!

So sehr, wie ich mich danach sehne, so schwer fällt es mir oft, das zu glauben!

Den Frauen in unserem Predigttext ging es genauso! Der Herr hatte bereits angekündigt, dass er von den Toten auferstehen würde, doch konnten sie es einfach nicht glauben!

Zu schrecklich war sein Tod, den sie mitansehen mussten, zu tief das Entsetzen, zu tief die Erschütterung, zu tief die Trauer!

Jede und jeder, der schon mal am Grab eines geliebten Menschen stand, wird das verstehen können! Es scheint, als wäre alles vorbei, das Ende aller Hoffnung!

Das eigene Leben (scheint in Trümmern zu liegen) liegt in Trümmern!

Der Tod entreißt uns unsere geliebten Menschen, und wir können nichts dagegen tun! Der Tod entreißt uns unser selbst!

Er scheint so endgültig, so unwiderruflich und wir Menschen sind so machtlos! Der Literat Marcel Reich Ranicki sagte in seinem letzten Interview, nach dem Tod seiner Frau, dass der Tod immer sinnlos und vernichtend sei! Man kann mit dem Tod nicht fertig werden, sagte er und man kann sich mit dem Tod nicht versöhnen!

Ich finde, das ist eine starke und realistische Aussage! Sie kommt von einem Mann, mit seinen damals 92 Jahren, eine Menge Lebenserfahrung hatte. Sie kommt von einem Mann, den man zu Recht als den Literaturpapst bezeichnet hat, der also eine umfassende Bildung der edelsten und erhabensten Gedanken der Menschheit hatte! Doch all das half ihm nichts im Angesicht des Todes seiner Frau und auch nicht im Angesicht des eigenen Todes - das sagte er schonungslos und offen in seinem letzten Interview. –

Das hat mich tief bewegt! Oft versuchen Menschen den Tod zu verharmlosen, sie versuchen ihn schönzureden! Aber er hat das nicht getan, er war bemüht, die Dinge so zu sehen wie sie sind!

Klar, es gibt Menschen die sehnen sich sogar nach dem Tod, es gibt Menschen, die sich sogar das Leben nehmen, aber das alles tun sie nicht, weil sie den Tod willkommen heißen, sie tun es, weil der Tod ihr Leben schon so beschlagnahmt hat, dass es für sie kein lebenswertes, kein echtes Leben mehr ist! - Weil Schmerz, Trauer und Verlust ihr Leben bereits verschlungen haben! Weil der Tod bereits gesiegt hat! –

Auch diese Menschen wollen nicht den Tod, sondern, was sie wollen ist: Erlösung!

Wie geht es Ihnen mit den Gedanken an den Tod? Haben Sie sich schon mal gefragt wie das ist?

Ich denke, die meisten, wenn nicht alle von uns, tun das! Im Tod müssen wir uns ganz aus der Hand geben, wir verlieren alle Kontrolle, wir verlieren uns selbst, kein Mensch kann uns da mehr helfen!

Was dann? Ich muss gestehen, dass mir in manchen einsamen Nächten echt schaudert bei dem Gedanken!

Wenn ich mich so ganz verliere, wird Gottes Hand mich dann wirklich auffangen oder wartet doch nur das große Nichts auf mich? Ein schwarzes Loch, das mich für immer verschlingt?

Oft ist mein Glaube da schwach und angefochten und ich schreie in meinem Herzen zu Gott! Ich habe Angst vor dem Tod! Vor dem Tod geliebter Menschen und auch vor dem eigenen Tod!

Und nun soll es wirklich wahr sein und gelten, was uns das Osterevangelium heute wieder zuspricht?

- Nämlich, dass mitten in dieser Verzweiflung bereits gilt:

Der Herr ist auferstanden! - ? –

Ja, - es ist wahr:

Er ist vom Tode auferstanden, damit auch Du vom Tode auferstehst!

Vielleicht geht es uns manchmal wie den Frauen in unserem Predigttext,

vielleicht macht uns die Trauer blind, vielleicht können wir kein Licht mehr sehen, vielleicht ist die Hoffnung in uns manchmal schon ganz erstorben, vielleicht ist unser Glaube nur noch ein glimmender Kerzendocht.

Trotzdem gilt mitten in dieser Verzweiflung:

Der Herr ist auferstanden!

Er lebt und wir dürfen durch Ihn auch leben!

Dann, wenn die Sorgen und Ängste über unseren Köpfen zusammenschlagen,
dann wenn wir keinen Ausweg mehr sehen, dann, wenn wir gefangen sind in Mauern aus Einsamkeit und Verzweiflung!

Dann gilt dennoch – und es gilt erst recht:

Der Herr ist auferstanden!

Es wird alles gut, am Ende wird alles gut! – Selbst dann, wenn wir es momentan nicht glauben können!

Die Frauen am Grab konnten es nicht glauben und da hat Gott selbst die Mauern aus Verzweiflung eingerissen, die ihre Herzen umgeben haben!
Mit Macht rückt er den schweren Stein vom Grabeseingang, mit Macht rückt er auch den schweren Stein von ihrem Herzen!
Er sendet seine Engel und öffnet ihnen die Augen für das, was gilt: Der Herr ist auferstanden! Seid nicht mehr traurig, jetzt ist alles gut geworden!

Die Frauen sind wie die Träumenden, sie können es nicht begreifen! Große Ehrfurcht und große Freude hat sie ergriffen und sie rennen nach Hause, um es den anderen Jüngern zu sagen!

Mit traurigem, schwerem Gang sind sie zum Grab gekommen, leichtfüßig und voller Freude rennen sie zurück ins Leben und verkündigen das Evangelium, die frohe Botschaft! Jesus lebt und wir dürfen auch leben!

Unterwegs begegnet den Frauen nun der Auferstandene persönlich und das erste Wort, dass er an sie richtet, lautet wörtlich übersetzt: „Freut euch!"

Ja, sie haben wahren Grund zur Freude, diese Frauen!

Aber nicht nur sie haben Grund dazu, sondern wir alle! Egal, ob wir es momentan glauben und sehen können oder nicht, wir haben den selben Grund zur Freude wie diese Frauen, denn das, was am Ostersonntag geschehen ist, die Auferstehung des Herrn - das gilt uns allen!

Der Theologieprofessor Eberhard Jüngel schrieb dazu: „Wenn es so etwas wie Zukunftsmusik gibt, dann war sie damals, dann ist sie am Ostermorgen an der Zeit: zur Begrüßung des neuen Menschen, über den der Tod nicht mehr herrscht.
Das müßte freilich eine Musik sein – nicht nur für Flöten und Geigen, nicht für Trompeten, Orgel und Kontrabaß, sondern für die ganze Schöpfung geschrieben, für jede seufzende Kreatur, so daß alle Welt einstimmen und groß und klein, und sei es unter Tränen, wirklich jauchzen kann, ja so, daß selbst die stummen Dinge und die groben Klötze mitsummen und mitbrummen müssen: Ein neuer Mensch ist da, geheimnisvoll uns allen weit voraus, aber eben doch da."

Ostermusik ist Zukunftsmusik! Ostern ist unsere Zukunft! Denn er ist da, der neue Mensch, der auferstandene Christus, der Gottessohn, der Herr über alles! Geheimnisvoll und doch da!

Aber er ist nicht nur da, sondern er ist FÜR UNS da! Er streckt uns seine Hand entgegen und wir dürfen sie im Glauben ergreifen - sei es voller Zuversicht und Jubel - sei es skeptisch und tastend oder sei es auch unter Tränen, zitternd und zweifelnd!

Wie - das ist völlig egal, solange wir uns nur im Glauben von Ihm bei der Hand nehmen und führen lassen! Schritt für Schritt, durch das Leben hindurch, durch den Tod hindurch zur Auferstehung bis hinein in die Gottes Ewigkeit!

Seit Ostern gilt, dass keine Macht der Welt, weder Sünde, Tod noch Teufel uns trennen kann von der Liebe Gottes, die sich in Jesus Christus zeigt!

Ostern ist angebrochen, selbst wenn in unseren Herzen noch Karfreitagsstimmung herrschen mag! Ostern ist angebrochen!

Unser Gott ist ein Gott des Lebens und so siegt das Leben über den Tod!

Gott wird unsere Füße auf weiten Raum stellen!

Er wird all unsere Angst und Trauer in Freude verwandeln – durch Jesus unseren Herrn und Bruder!

Als die Frauen aus unserem Predigttext das erkennen, tun sie das einzige was in dieser Situation angemessen ist - sie gehen vor dem auferstanden Herrn auf die Knie und beten ihn an!
Sie vertrauen auf Ihn, der für sie gestorben und auferstanden ist!
Somit ist in ihren Herzen Ostern angekommen!

Und so möchte ich auch mit einem Gebet schließen:

Herr Jesus, hab Dank! - Du hast Sünde und Tod überwunden! Du hast uns den Himmel aufgeschlossen! Bitte nimm uns bei der Hand! Dir möchten wir gehören im Leben wie im Sterben! Führe uns durch alle Dunkelheit hindurch zum ewigen Leben! Lass Ostern in unseren Herzen ankommen, tröste uns in aller Traurigkeit mit der Gewissheit, dass wir einmal bei dir sein dürfen, zusammen mit allen Menschen, die wir lieben! Danke, dass du einmal alle Tränen abwischen und alles gut machen wirst!

– Amen!

Predigt - Invokavit, Perikopenreihe VI: Jakobus 1,12-18
Psalm:130 Schriftlesung: Matthäus 9,9-13

Die Gnade unseres Herrn Jesus Christus und die Liebe Gottes und die Gemeinschaft des Heiligen Geistes sei mit euch! – Amen!

Liebe Gemeinde,

jeden Sonntag muss es zur Unterscheidung von Gesetz und Evangelium kommen! – Das mahnte der mittlerweile verstorbener Homiletik Professor Dr. Drehsen. Fälschlicherweise wird oft das Gesetz alleine mit dem Alten Testament identifiziert und das Evangelium dann allein mit dem Neuen Testament. Aber wie Luther ganz richtig erkannt hat, ist das nicht so einfach! Sondern Gesetz und Evangelium sind ein Spannungsfeld, in dem sich die ganze Bibel befindet, aber nicht nur sie, sondern das gesamte Leben einer jeden Christin und eines jeden Christen vollzieht sich in diesem Spannungsfeld.

Gesetz und Evangelium, Zuspruch und Anspruch Gottes! Sie sind wie zwei Seiten einer Medaille – sie gehören untrennbar zusammen und man kann das eine nicht ohne das andere verstehen!

Hätten wir alleine das Gesetz, den Anspruch Gottes, so wäre das Christentum eine im wahrsten Sinne des Wortes Gnaden-lose Religion, die alleine aus einem Katalog von Geboten und Verboten bestehen würde! Wer diesem Anspruch nicht gerecht werden könnte, würde dann erbarmungslos durch das Raster fallen und hätte keine Hoffnung!

Würden wir aber hingegen das Gesetz unter den Tisch fallen lassen und nur noch das Evangelium, den Zuspruch und die Liebe Gottes ansehen, so würden wir in Gefahr laufen Gott zu verniedlichen, einen gutmütigen Greis aus ihm zu machen, der bei allem Unrecht einfach ein Auge zudrückt!

So eine Haltung Gottes wäre kein Zeichen von Liebe, sondern von Gleichgültigkeit! Gott drückt bei Unrecht nicht einfach ein Auge zu, sondern es macht ihn zornig! Nicht erst, wenn Menschen sich gegenseitig umbringen, vergewaltigen und unterdrücken, sondern bereits dann, wenn wir uns verletzten, gegenseitig Liebe schuldig bleiben und Gott die ihm gebührende Ehre! – Gesetz und Evangelium gehören zusammen, Anspruch und Zuspruch Gottes, Sein Zorn und Seine Liebe!

Gott ist zornig über den Menschen, weil er ihn liebt! Weil er nicht mitansehen kann, wie der Mensch sich und andere zugrunde richtet! - Daran erinnert uns das Gesetz! Es will uns dazu bringen über unser Leben nachzudenken, auch darüber, wo wir vielleicht schuldig geworden sind.

Das Evangelium zeigt uns hingegen, dass Gottes Liebe bis ans Kreuz geht um den Menschen wieder zurückzugewinnen. Das Evangelium zeigt uns, dass Gott zwar die Sünde hasst, doch den Sünder und die Sünderin unendlich liebt! Gott ist größer als unsere Schuld und liebt uns selbst wenn wir versagen, selbst wenn wir in tiefe Schuld fallen!

Warum diese Ausführungen? – Ganz einfach! Betrachten Sie diese bitte als Klammer, die vor dem heutigen Predigttext steht. Denn es liegt in der Natur der Sache, dass ich lieber über das Evangelium predige, doch der heutige Predigttext handelt eindeutig vom Gesetz! Das heißt, es geht jetzt um den Anspruch Gottes auf und an unser Leben! Dieser soll heute verkündigt werden, aber dabei bleiben wir nicht stehen, denn im Anschluss an die Predigt folgt das Heilige Abendmahl, in dem der unverbrüchliche Zuspruch Gottes mit allen Sinnen erfahrbar wird!

So predige ich jetzt das Gesetz und gemeinsam feiern wir im danach gemeinsam das Evangelium!

Der heutige Predigttext steht im Jakobusbrief:

Selig ist der Mann, der die Anfechtung erduldet; denn nachdem er bewährt ist, wird er die Krone des Lebens empfangen, die Gott verheißen hat denen, die ihn lieb haben. Niemand sage, wenn er versucht wird, dass er von Gott versucht werde. Denn Gott kann nicht versucht werden zum Bösen, und er selbst versucht niemand. Sondern ein jeder, der versucht wird, wird von seinen eigenen Begierden gereizt und gelockt. Danach, wenn die Begierde empfangen hat, gebiert sie die Sünde; die Sünde aber, wenn sie vollendet ist, gebiert den Tod. Irrt euch nicht, meine lieben Brüder. Alle gute Gabe und alle vollkommene Gabe kommt von oben herab, von dem Vater des Lichts, bei dem keine Veränderung ist noch Wechsel des Lichts und der Finsternis. Er hat uns geboren nach seinem Willen durch das Wort der Wahrheit, damit wir Erstlinge seiner Geschöpfe seien. - Jakobus 1,12-18

Wer die Anfechtungen erduldet, wer durchhält bis zuletzt, der wird die Korne des Lebens empfangen! Ewiges Leben, das kein Tod mehr rauben kann, das ist der Preis für den Sieger! Wie geht es Ihnen bei dieser Aussicht? In dieser schnelllebigen Welt sehne ich mich nach etwas das bleibt! Es hungert mich nach Leben, nach Freude und Frieden, doch sind das zerbrechliche Güter! Nietzsche sagte mal: „Alle Lust will Ewigkeit, will, tiefe, tiefe Ewigkeit!“ Ich finde, diesmal hat er ausnahmsweise Recht! – Eben diese Ewigkeit stellt Jakobus in Aussicht! Hier ist das, was Bestand hat! Hier und nur hier wird der Hunger nach Leben und Liebe für immer gestillt!

Aber der Weg dorthin ist voller Gefahren – Anfechtungen nennt sie Jakobus! Denn um diese Krone zu erlangen muss der Mensch einen fast unüberwindlichen Gegner besiegen - sich selbst!

Niemand sage, wenn er versucht wird, dass er von Gott versucht werde. Denn Gott kann nicht versucht werden zum Bösen, und er selbst versucht niemand. Sondern ein jeder, der versucht wird, wird von seinen eigenen Begierden gereizt und gelockt. Danach, wenn die Begierde empfangen hat, gebiert sie die Sünde; die Sünde aber, wenn sie vollendet ist, gebiert den Tod.

Versuchungen sind allgegenwärtig, sie wollen uns von dem Ziel, die Krone des Lebens zu erlangen, ablenken! Das ist es was Sünde bedeutet, wenn man das Wort übersetzt - es bedeutet Zielverfehlung! Sünde bedeutet das Ziel, die Krone des Lebens, zu verfehlen und stattdessen auf tödliche Abwege zu geraten! Am

Schlimmsten aber ist, dass diese Versuchungen nicht einfach von außen an den Menschen herangetragen werden, nein, sie kommen aus seinem eigenen Herzen! Es sind seine eigenen Begierden! – Vielleicht muss ich hier eine dringende Erläuterung einwerfen, denn fälschlicherweise wurden oft „Begierden“ auf sexuelles Verlangen reduziert und alles Sexuelle verteufelt! Das ist hier nicht gemeint! Es ist hier nicht das gesunde, gottgegebene Verlangen gemeint, dass liebende Menschen nacheinander haben, sonders jede Art von Begierden, welche der Liebe widersprechen! Die Gier nach Ruhm, Macht, Geld und natürlich auch die geschlechtliche Begierde, wenn sie von der Liebe losgelöst ist und dabei rücksichtslos andere verletzt! Die Gier immer mehr haben zu wollen, nie zufrieden zu sein! Stolz, Neid, Lästereien, die Gier seine eigenen Bedürfnisse auf dem Rücken anderer zu befriedigen! – Das ist hier gemeint, das führt am Ziel vorbei und bringt schlussendlich den Tod.

Das Problem ist, dass der Mensch schwach ist - ich bin schwach! Ich kenne all diese Versuchungen und wie viele tausende Mal bin ich ihnen erlegen! Wie viele tausende gute Vorsätze habe ich schon gefasst und nicht gehalten! Wie oft gerade diejenigen verletzt, die ich am meisten liebe! Mir geht es da genauso wie es Paulus im Römerbrief beschreibt: Das Gute, das ich will, das tue ich nicht; das Böse, das ich nicht will, das tue ich.

So gerne würde ich anders sein, würde ich gut sein, aber ich bin wie gefangen! Die Sünde bezieht ihre Kraft aus dem Misstrauen gegen Gott - ich zweifle an seiner Liebe, dass er es gut mit mir meint und für mich sorgt und deswegen suche ich krumme Wege um mir das zu holen, was ich brauche! Wenn ich aber merke, wie falsch das ist, so schäme ich mich über mich selber, ich fühle mich minderwertig und habe Angst vor Gott, weil ich gesündigt habe. Ich kann erst recht nicht an seine Liebe glauben und dass er mir hilft, denn wie sollte er einem solchen Versager wie mir helfen? Solche Gedanken nähren dann das Misstrauen und machen mich so umso anfälliger für die nächsten Versuchungen! - Das ist eine Spirale, die immer weiter weg von Gott und immer tiefer hinab führt! Eben ein wahrer Teufelskreis!

Unser Predigttext und im Prinzip auch der ganze Jakobusbrief liefert da nicht sonderlich viel Trost für Menschen, denen es genauso geht! Jakobus gibt sich alle Mühe klar zu machen, dass die todbringenden Versuchungen nicht von Gott kommen, sondern aus meinem eigenen Herzen, dass ich also keine Ausrede habe! - Aber damit lässt er mich dann auch alleine! – Und dann bin ich wirklich alleine! Selber Schuld, wenn ich es nicht packe!

Das Ziel, die Krone des Lebens, rückt in unerreichbare Ferne! Sie gebührt allein den Starken, den Überwindern, den Siegern! - Nicht den Losern wie mir!

„Keine Theologie für Loser", so lautet auch die Überschrift, die Karl Hardecker über den Kommentar unseres Predigttextes gestellt hat.

--

Der Neutestamentsprofessor Eckstein sagte mal: „Der Jakobusbrief ist Gottes Wort, aber er ist nicht Gottes letztes Wort!" – Das letzte Wort zu diesem Thema hat Gott paradoxerweise lange gesprochen, bevor der Jakobusbrief geschrieben wurde, und zwar als er in seinem Sohn für unsere Sünden ans Kreuz gegangen ist und ihn auch wieder auferstehen hat lassen. So durchbricht Gott selbst den Teufelskreis, der uns gefangen hält! Darum auch der Wochenspruch, welcher unserem Predigttext beigesellt ist: Dazu ist erschienen der Sohn Gottes, dass er die Werke des Teufels zerstöre.

Gott reißt die Ketten weg, die uns halten und schenkt uns wahre Freiheit! Dort, wo Sünde und Tod mächtig geworden sind in unserem Leben, da ist Gottes Liebe übermächtig geworden! Ja, indem wir Christinnen und Christen bekennen, dass Gott Liebe ist, bekennen wir uns gleichzeitig zur Allmacht der Liebe!

Professor Eckstein sagte mal: „Es mag sein, dass vieles gegen dich spricht, aber einer spricht für dich – Christus!" - Und der reicht aus! Bei ihm sind wir ganz aufgeboben mit allem Licht und aller Dunkelheit in unserem Leben! Das Evangelium ist eine Theologie für alle Menschen, auch für Loser!

Und diese eine Sache wünsche ich mir, dass sie aus dieser Predigt mitnehmen und verinnerlichen, wenn sie es nicht bereits getan haben! Dass niemand jemals das Recht hat Ihnen einzureden, dass sie wertlos sind oder ein Versager! Jede und jeder Einzelne von Ihnen ist von Gott so geliebt, dass er bereit war für Sie sein Wertvollstes, seinen Sohn zu geben! Mit ihm schenkt er Ihnen die Krone des Lebens! Sie müssen sie nicht erkämpfen - das hat Christus für Sie getan!

Und nicht nur Sie sind so wertvoll für Gott, dass er Seinen Sohn gab! Das gilt für alle Menschen! Das gilt auch für die Menschen, die scheinbar so gottverlassen sind! Das gilt auch für den kleinen Jungen in Afrika, der an dreckigem Wasser stirbt! Das gilt auch für das junge Mädchen, dass von Menschenhändlern in die Prostitution verkauft wird! Und das gilt auch für alle anderen Menschen, die so untragbar Schweres erdulden müssen! Unseren Augen ist es verborgen, unser Verstand bekommt es nicht zusammen, wie Menschen so unerträglich leiden können, die doch von Gott so unermesslich geliebt sind! Warum hilft er ihnen dann scheinbar nicht? - Doch im Glauben dürfen wir weiter sehen und erkennen, dass nicht das Leid, sondern die Liebe am Ende siegen wird!

Gott ist Liebe und damit ist die Liebe allmächtig! - Keine Schuld ist zu groß, kein Schicksal zu schwer, kein Tod zu endgültig, als dass Gott davor kapitulieren müsste! Er wird sein gutes Ziel erreichen, durch Jesus Christus, unseren Herrn!

Diese Hoffnung werden wir nun gemeinsam im Heiligen Abendmahl feiern! Wir beginnen damit die Fasten und Bußzeit! – Aber biblische Buße meint etwas anderes, als dass man sich selbst kasteit! Erinnern Sie sich an die Schriftlesung? Wie tat der Zöllner Matthäus Buße? – Dadurch, dass er zusammen mit Christus feierte, weil er Gottes Liebe erkannt hat! – Lasst es uns ihm gleichtun! – Amen!

Predigt - Trinitatis, Perikopenreihe V: 4.Mose 6,22-27
Psalm: 145 Schriftlesung:1.Petrus 2,3-9

Liebe Gemeinde,

die heutige Predigt handelt von einem der berühmtesten Texte der gesamten Bibel, einem Text, der ihnen bestimmt so vertraut ist, wie das Vaterunser oder der 23. Psalm und den sie jeden Gottesdienst hören. Einen Segenstext, der älter ist als das Christentum - den Aaronitischen Segen!

Ich lese:

„Und der HERR redete mit Mose und sprach: Sage Aaron und seinen Söhnen und sprich: So sollt ihr sagen zu den Israeliten, wenn ihr sie segnet: Der HERR segne dich und behüte dich; der HERR lasse sein Angesicht leuchten über dir und sei dir gnädig; der HERR hebe sein Angesicht auf dich und gebe dir Frieden. Denn ihr sollt meinen Namen auf die Israeliten legen, dass ich sie segne.“ 4.Mose 6,22-27

Der Herr gab Aaron und seinen Söhnen den Auftrag das Volk zu segnen. Wer waren Aaron und seine Söhne? – Es waren die Priester! Die Aufgabe der Priester ist es das Volk zu segnen! So war das zur Zeit des Alten Testaments, doch wie ist das heute?

Man könnte den Eindruck gewinnen, dass die Pfarrerinnen und Pfarrer an Stelle der alttestamentarischen Priester getreten sind - doch dieser Eindruck ist falsch! Er ist absolut falsch!

Denn bei uns evangelischen Christinnen und Christen gibt es diese Unterscheidung zwischen Priestern und übrigem Volk nicht! Bei uns gilt das Priestertum aller Gläubigen! Das war eine der wichtigsten Entdeckungen der Reformation!

Wenn der Pfarrer oder die Pfarrerin also am Ende des Gottesdienstes den Segen sprechen, so tun sie das als Schwestern und Brüder in Christus zu Geschwistern in Christus! In Christus sind wir alle gleich!

Denn als unser Herr Jesus Christus am Kreuz für unsere Sünden starb, zeriss der Vorhang im Tempel und machte so den Weg ins Allerheiligste frei! – Frei für alle Menschen! Das priesterliche Privileg vor Gott zu treten, gilt nun jeder Frau und jedem Mann!

Christus ist der wahre Sohn Gottes und auch der ewige Hohepriester, durch die Verbindung mit Ihm wird jede Christin und jeder Christ zum Priester geweiht!

So sagt es auch Petrus, ich lese aus seinem ersten Brief, den wir in der Schriftlesung gehört haben: **„Ihr aber seid das auserwählte Geschlecht, die königliche Priesterschaft, das heilige Volk, das Volk des Eigentums, dass ihr verkünden sollt die Wohltat dessen, der euch berufen hat von der Finsternis zu seinem wunderbaren Licht“ - 1.Petrus 2,9**

Durch Jesus Christus sind wir alle Priester Gottes und haben dadurch auch das Recht zu tun was ein Priester tut - wir alle dürfen unsere Mitmenschen im Namen Gottes segnen! So wie Petrus schreibt: **„Segnet viel mehr, weil ihr dazu berufen seid den Segen zu ererben!“ - 1.Petrus 3,9** Einer der schönsten Wege diesen priesterlichen Dienst zu tun und andere zu segnen, besteht darin, füreinander im Gebet einzustehen! Das kann man alleine tun oder auch in der Gemeinschaft! Jeden Montag zum Beispiel trifft sich ein Gebetskreis unserer Gemeinde!

Wenn wir segnen, so tun wir das nicht eigenmächtig, sondern wir bitten um Gottes Segen, der die Quelle allen Segens ist! Der Segen Gottes ist zwar unverfügbar, aber wir dürfen ihn Menschen trotzdem im Vertrauen auf Gottes Liebe zusprechen. Wir dürfen den Segen zusprechen, weil Gott es uns erlaubt hat und weil er ein dem Menschen zugewandter und liebender Gott ist, der sich in Jesus Christus für uns entschieden hat!

Das vorweg, jetzt gehen wir gleich zum Ende unseres Predigttextes, weil dort die Zielrichtung des Aaronitischen Segens angegeben wird: Denn ihr sollt meinen Namen auf die Israeliten legen, dass ich sie segne.

Gottes Namen auf das Volk legen, das heißt so viel wie, dass Gott mit den Menschen in Verbindung treten will - dass er ihnen nahe sein will! Nach biblischem Denken offenbart sich im Namen das Wesen seines Trägers und Gott offenbart sich hier als ein segnender und begleitender Gott, der das Allerbeste für seine Geschöpfe will. Wo Er in das Leben eines Menschen tritt, da bringt er sein Heil und seinen Frieden mit sich.

So ist der ganze Segensspruch eine Bewegung Gottes auf den Menschen zu. Gott kommt Ihnen dort immer näher!

Es beginnt damit, dass Gott Sie segnen und behüten möge - ganz allgemein gesprochen und doch ist dabei schon viel gesagt. Denn was uns an Bewahrungen im Leben wiederfährt, dass schreibt der Glaube nicht dem Glück zu, sondern der Fürsorge Gottes, der unser aller Leben in seiner Hand hält! Es ist keine Selbstverständlichkeit, wenn wir nach einer Autofahrt gesund und wohlbehalten wieder heimkommen - wir alle wissen, dass es auch anders ausgehen kann, ohne dass man daran Schuld ist! Es ist keine Selbstverständlichkeit, wenn man gesund ist, ein Dach über dem Kopf hat, wenn man genug zu essen hat, Freude im Leben und Menschen, die einen lieben!

Gott schenkt das zum Glück auch anderen Menschen, aber die und der Gläubige darf alles Gute, jede Bewahrung als das erkennen, was sie in Wirklichkeit ist: Segen Gottes! Liebeserweise des Himmels!

Doch es geht weiter, Gott kommt näher: **„Der HERR lasse sein Angesicht leuchten über dir und sei dir gnädig.“** Gott wendet sich Ihnen zu! Das leuchtende Angesicht Gottes ist nach biblischer Überzeugung die Quelle des Lebens. Im Glauben darf sich jeder Mensch als gewollt begreifen! Sie und jeder Mensch sind kein Produkt des Zufalls, sondern eine Person, die aus Liebe erschaffen wurde! Eine Person, die einen rechtmäßigen Platz im Leben und im Herzen Gottes hat!

Doch diese Schöpfung ist kein einmaliger Akt, sie geschieht fortwährend, denn der Mensch lebt und atmet jede Sekunde seines Lebens aus diesem einen Grund: weil Gott es will! Weil Er Ihr Leben will!

Dafür steht das leuchtende Angesicht Gottes. In seinem Licht gedeiht das Leben, fließt der Segen und seine Geschöpfe werden mit Gutem an Leib und Seele gesättigt. Wenn Gott sein Angesicht abwenden würde, so wäre seinen Geschöpfen die Lebensgrundlage entzogen und sie würden zugrunde gehen.

Im Segen spricht Gott Ihnen ganz persönlich zu, dass er Ihnen zugewandt ist und gnädig sein möchte, das heißt, Sie annehmen und alle Sünden vergeben möchte und Ihnen alles tun möchte, was Ihnen gut tut und zu Ihrem Leben förderlich ist!

Nun kommen wir zum letzten Vers des Segens:

der HERR hebe sein Angesicht auf dich und gebe dir Frieden

Jetzt kommt Gott ganz nahe, so nahe, dass er Ihnen in die Augen sieht! Das Angesicht auf eine Person zu erheben bedeutet in der Bibel, den anderen zu hören, auf ihre und seine Bitten einzugehen und das Beste für sie und ihn zu suchen!

Das ist auch mit dem Frieden gemeint, den Gott geben will! Das hebräische Wort Schalom, das hier in der Ursprache steht und mit Frieden übersetzt wird, fasst weitaus mehr, als man landläufig unter Frieden versteht. Es meint Wohlergehen im umfassenden Sinne! Es meint ganz aufgehoben zu sein, vollständig mit Gott, mit der Schöpfung und sich selbst in Einklang zu stehen! Leben im Überfluss, dass es einem an nichts fehlt! Das bedeutet Frieden im biblischen Sinne!

Wir Christinnen und Christen dürfen darin auch den Frieden erkennen, den unser Herr Jesus Christus uns schenkt, dadurch, dass er am Kreuz alles überwunden hat, was uns von Gott trennen möchte! Hier leuchtet bereits der ewige Frieden auf, den Christus uns durch sein Sterben und Auferstehen verleiht!

Liebe Gemeinde,

ich weiß nicht wie es Ihnen geht, aber wenn ich von all diesen Segnungen und Bewahrungen höre, die uns in diesem Segenstext zugesprochen werden, so tröstet es mich auf der einen Seite, es ermutigt mich auch auf Gott zu vertrauen und getrost in die Zukunft zu blicken und doch gibt es dabei auch noch die andere Seite!

Denn jeder Mensch, auch der Gläubige, macht auch andere dunkle Erfahrungen, die so gar nicht in das Bild vom fließenden Segen Gottes passen wollen!

Oft fühlt man sich gar nicht so gesegnet, oft scheint Gott unendlich fern, obwohl er uns doch im Segen seine Nähe zugesprochen hat! Im Segen wird uns die Bewahrung Gottes zugesprochen und doch kann jedem von uns Schreckliches widerfahren! Der Friede, von dem im Segen gesprochen wird, scheint oft in so unerreichbarer Ferne zu sein!

Was ist mit all diesen dunklen Lebenserfahrungen? Hat Gott uns da vergessen? Sind wir da auf einmal nicht mehr gesegnet?

Ist die Rechnung so einfach, dass man behaupten kann, diejenigen, denen es gut geht sind Gesegnete und diejenigen, denen es schlecht geht sind Menschen von denen Gott sich abgewandt hat?

Diese Rechnung wäre zu einfach, sie würde der komplizierten Wirklichkeit nicht gerecht werden und auch nicht dem Bild, das die Bibel als Ganzes zeichnet!

Wohlergehen ist nicht immer ein Zeichen von Segen, denn es kann auch Menschen wohl ergehen, die andere ausnutzen und krumme Dinge treiben!

Leid ist nicht immer ein Zeichen von Gottesferne, die Bibel ist voll von gegenteiligen Beispielen. Denken wir nur an unseren Herrn und Erlöser Jesus Christus! Nach dem was einem zunächst vor Augen steht, war sein Leben kurz, einsam und endete mit dem schlimmsten Foltertod, den man sich in der damaligen Welt nur vorstellen konnte!

Und doch, im Glauben erkennen wir Christinnen und Christen, dass es nie ein Leben gab, das so gesegnet war, das so in der Gegenwart des himmlischen Vaters geführt wurde, wie Sein Leben!

Im Glauben können wir auch das Ende erkennen, nämlich dass der himmlische Vater seinen Sohn nicht im Tode gelassen hat, sondern ihn auferstehen ließ und mit ewiger Herrlichkeit, ewiger Freude und ewiger Herrschaft krönte!

Hier sehen wir mit aller Deutlichkeit: So wie Gottes dreieiniges Wesen ein Geheimnis bleibt, so bleibt auch Gottes Wirken in dieser Welt ein Geheimnis!

Nicht anders können auch wir es erleben! Denn auf der einen Seite steht all der Segen, die Verheißungen und der Trost, den Gott uns in der Bibel zuspricht und auf der anderen Seite eine oftmals trostlose Wirklichkeit!

Wer hat nun Recht? Wer hat das letzte Wort? Gott oder meine Leiderfahrungen?

Der Glaube gibt Gott Recht! Wenn es sein muss, dann gibt der Glaube Gott auch gegen den Augenschein Recht! Er kann Gott selbst dann Recht geben, wenn alles gegen ihn zu sprechen scheint!

Dort wo die Vernunft verzagen muss und keinen Ausweg weiß, da kann der Glaube noch immer hoffen! Denn der Glaube rechnet nicht mit den eigenen begrenzten Möglichkeiten, sondern mit den unbegrenzten Möglichkeiten Gottes!

Solch Vertrauen in Gott und solch eine Hoffnung alleine wirken sich schon erwiesenermaßen positiv auf die Gesundheit des Menschen aus.

Doch geht es hier um weit mehr als um diesen positiven psychologischen Effekt, so wünschenswert er schon für sich alleingenommen sein mag - es geht um den lebendigen Gott, der unser aller Leben in seiner Hand hält! Wäre er nicht der Grund unserer Hoffnung, so wäre sie letzten Endes doch nur Illusion und frommer Selbstbetrug!

Doch dank Ihm gibt es keine Situation, die so verfahren und aussichtslos ist, dass man die Hoffnung verlieren müsste!

Denn aus menschlicher Sicht hätte die Geschichte Jesu am Karfreitag enden müssen, aus menschlicher Sicht enden so unendlich viele tragische Geschichten ohne jede Hoffnung!

Aber der Glaube sieht über diese menschliche Sicht hinaus!

Dabei ist der Glaube nicht realitätsvergessen, er ist auch nicht unvernünftig, sondern er ist nur der Realität und Vernunft einen Schritt voraus!

Denn er glaubt dem Segen und den Verheißungen Gottes und hat so einen weiteren Blick. Er erkennt, dass der Segen Gottes alle Grenzen sprengt - sogar die letzte uns schrecklichste Grenze des Todes! Deshalb darf der Glaube erkennen, dass Gottes Liebe sich im Leben jedes seiner Kinder immer durchsetzen wird! Gottes Segen wird auch bei Ihnen zu seinem Ziel kommen!

Ich wünsche Ihnen von Herzen, dass Sie diese Gewissheit und diese Hoffnung in sich tragen und so als Gesegnete in den Sonntag, in den Alltag der kommende Woche und durch ihr ganzes Leben gehen! – Amen!

Predigt - 4.Sonntag nach Trinitatis, Perikopenreihe VI: Römer 12,17-21
Psalm: 98 Schriftlesung: Matthäus 5,43-45

Die Gnade unseres Herrn Jesus Christus und die Liebe Gottes und die Gemeinschaft des Heiligen Geistes sei mit euch! – Amen!

Liebe Gemeinde,

die fallen ja um wie Domino Steine! Bestimmt kennt jede und jeder von ihnen dieses Sprichwort. Es bezieht sich auf das berühmte Kinderspiel Domino. Und dieses Spiel ist zum Inbegriff einer Kettenreaktion geworden, denn wenn man einen Dominostein

anstößt, dann fällt er gegen den nächsten und gegen den nächsten, bis irgendwann einmal eine ganze Kette umfällt.
So kann man im Fernsehen auch Dominoweltmeisterschaften bestaunen, in denen auf einmal durch einen einzigen Stein abertausende von Steinen umfallen und ganz unterschiedliche Figuren dabei rauskommen. In der Wirklichkeit kennen wir auch Kettenreaktionen, doch nicht alle Kettenreaktionen sind auch gute Kettenreaktionen. So kann zum Beispiel ein böses Wort einen ganzen Streit heraufbeschwören. Als Beispiel möchte ich ihnen eine Geschichte erzählen, die ich mal in der Schule gehört habe.
Sie heißt: „Der Tod einer Ratte". Sie beginnt damit, dass ein genervter Chef seinen Angestellten anschreit und dieser fährt dann nach Hause und schimpft mit seiner Frau, weil er deswegen schlechte Laune hat. Der Ehefrau ist der Tag damit auch verdorben und das lässt sie dann an ihrem Sohn raus und der Sohn ist wütend und frustriert und tritt seinen Hund und der Hund der schnappt sich die Hausratte der kleinen Schwester und beißt sie tot.
Das ist ein Beispiel für so eine Kettenreaktion, aber wie beim Domino wäre das alles nicht passiert, wäre die ganze Reaktion unterbrochen, wenn nur ein einziger Stein stehengeblieben wäre, wenn nur ein Glied in der Kette nicht Nein gesagt hätte.

Und davon handelt auch unser Predigttext aus dem Römerbrief. Darin heißt es:
Vergeltet niemandem Böses mit Bösem. Seid auf Gutes bedacht gegenüber jedermann. Ist's möglich, soviel an euch liegt, so habt mit allen Menschen Frieden. Rächt euch nicht selbst, Geliebte, sondern gebt Raum dem Zorn Gottes; denn es steht geschrieben: „Die Rache ist mein; ich will vergelten, spricht der Herr." (5.Mose 32,35) Vielmehr, wenn deinen Feind hungert, gib ihm zu essen; dürstet ihn, gib ihm zu trinken. Wenn du das tust, so wirst du feurige Kohlen auf sein Haupt sammeln" (Sprüche 25,21-22). Lass dich nicht vom Bösen überwinden, sondern überwinde das Böse mit Gutem.
– Römer 12,17-21

Diese Worte aus dem Römerbrief richtet der Apostel Paulus an Leute, denen er bereits das ganze Evangelium verkündigt hat.
Es gibt ja dieses Klischee, das sagt, dass Christen Leute sind, die alles mit sich machen lassen. Christen, das sind diejenigen, die sich nicht wehren können, die zu feige dazu sind.
Aber unser Text spricht eine andere Sprache, er sagt nicht: „Lass alles mit dir machen", er sagt nicht: „Sei der Fußabtreter von jedem!", sondern er sagt: „Überwindet! Überwindet das Böse mit Gutem!" Dazu gehört eine ganz große Stärke!

Und Gott traut uns diese Stärke zu! Paulus hat den Adressaten des Briefes bereits alles erzählt, den gesamten Zuspruch des Evangeliums und jetzt folgt der Anspruch. Wenn euch das alles gilt, dann lebt auch so! Gott traut uns zu dieser eine Stein zu sein, der nicht umkippt und der dadurch die Kettenreaktion stoppt. Und dieser Text gibt uns zwei Ermächtigungsgründe dazu das Böse mit Gutem zu überwinden.

Der eine lautet: **Rächt euch nicht selbst, Geliebte.** Paulus erinnert uns alle daran wer wir eigentlich vor Gott sind: Durch Jesus Christus sind wir geliebte Kinder Gottes, Jesus Christus hat uns zu seinen Schwestern und Brüdern gemacht und damit zu Königskindern.
Aller himmlische Reichtum gehört uns. Wir sind dazu bestimmt den Segen zu ererben. Oft rächt man sich ja, weil man sich in seiner Würde verletzt fühlt. Die Gewissheit Gottes Kinder zu sein sagt uns: Niemand kann uns unsere Würde nehmen, unsere Würde kommt von Gott und diese Gewissheit soll jeden Wunsch nach Rache bannen.

Der zweite Grund lautet: **Lasst Raum dem Zorn Gottes!** Die Rache ist Gotte Sache, nicht Sache des einzelnen Menschen! Oft fällt es Christinnen und Christen leichter von der Liebe Gottes zu reden, anstatt von seinem Zorn. Und der Zorn, der scheint eine Sache zu sein, die uns manchmal in Verlegenheit bringt, aber Gott schämt sich nicht für seinen Zorn, und ich glaube wir alle haben auch keinen Grund dazu. Denn Zorn und Liebe stehen nicht im Gegensatz zueinander, sondern gehören zusammen. Wenn Gott auf diese Welt sehen würde, wie die Starken die Schwachen unterdrücken, wie kleine Kinder verhungern oder wie es vor Kurzem in den Medien berichtet wurde, dass in Indien kleine Mädchen vergewaltigt und aufgehängt wurden, wenn Gott da nicht zornig wäre, dann wäre er keine Gott der Liebe sondern ein gleichgültiger Gott. Elie Wiesel sagte einmal treffend: „Das Gegenteil von Liebe ist nicht Hass, sondern Gleichgültigkeit."
Aber dabei müssen wir uns eines immer vor Augen halten, dass Gottes Zorn kein willkürlicher bösartiger Zorn so wie es oft genug der menschlicher Zorn ist, Gottes Zorn ist seine Gegnerschaft gegen alles, was der Liebe widerspricht, seine Gegnerschaft gegen alles, was seinen geliebten Geschöpfen Schaden zufügt. Das ist Gottes Zorn.
Und das gilt für das Große wie auch für die kleinen alltäglichen Lieblosigkeiten. Gottes Zorn ist ein anderes Wort für sein Gericht. Und oft genug ist es so, dass der Gedanke an das Gericht Gottes Unbehagen auslöst. Aber wir haben das vorhin auch im Psalm zusammen gebetet, da wird Gott für sein Gericht gelobt, der ganze Lobpreis Gottes mündet in sein Gericht und zwar deswegen, weil das Gericht Gottes dazu dient die Gerechtigkeit auf dieser Erde wiederherzustellen. So viele Psalmbeter bitten darum, dass Gott Gericht hält, weil sie unschuldig verfolgt und unterdrückt werden.

Wenn kein menschlicher Helfer mehr da ist, dann bleibt nur noch sich an Gott zu halten, der die Gerechtigkeit wiederherstellen wird. So sagte auch mein NT Professor Lichtenberger einmal sinngemäß: Und wenn die Bibel nicht vom Gericht sprechen würde, dann müssten wir es theologisch einfordern – das heißt, dann müssten wir es dazu denken.
Glücklicherweise müssen wir das nicht, denn das Gericht wird in der Bibel bezeugt. Gott wird die Sachen zurechtbringen. Und diese Gewissheit kann uns helfen jeden Gedanken an Rache zu bannen. Dort, wo Gott die Rache überlassen wird, dort, wo ihm überlassen wird die Gerechtigkeit herzustellen, dort endet die menschliche Rache, die oft so maßlos ist und neues Unrecht hervorbringt.

Das Böse mit Gutem überwinden, das ist eine Sache, für die es kein Patentrezept gibt, das ist eine Sache, die verlangt immer neue Kreativität. Aber es ist eine Sache, die sich lohnt. Paulus nennt ein paar Beispiele aus dem AT - Er sagt: Wenn deinem Feind hungert, gib ihm zu essen, wenn deinem Feind dürstet, gib ihm zu trinken, d.h. behandle deinen Feind nicht wie einen Feind, sondern in erster Linie wie einen Mitmenschen, so wirst du feurige Kohlen auf sein Haupt sammeln. Es ist viel gerätselt worden über den Sinn dieser Worte, aber sie deuten wahrscheinlich in diese Richtung: Der Feind wird beschämt dadurch, dass wir ihm Gutes tun und dann könnte es sein, dass er ablässt vom Bösen und so können wir den Feind gewinnen.

Ein anderes Beispiel haben wir in der Schriftlesung gehört, wo Jesus sagt: Bittet für eure Feinde, betet für sie, liebt sie und dieser Rat, so schwer er auch sein mag, ist ungeheuer wichtig auch für unsere eigene Seelenhygiene. Es liegt eine unglaubliche Kraft darin, dass man für die Menschen bittet, die einen gerade verletzt haben. Man wird viel dabei entdecken, man wird sich selber dabei verwandeln, man wird entdecken, dass beten geballte Fäuste löst.
Man wird sich dabei verwandeln und ich kann Ihnen aus eigener Erfahrung sagen, Gott tut Großes, Er kann auch die Situation über Bitten und Verstehen zum Guten verwandeln, wenn wir unseren Groll lassen und für unsere Feinde beten.

Ich weiß nicht, wie es Ihnen dabei geht, aber ich finde das ist ein enormer Anspruch und oft genug scheitere ich daran oft, genug überwinde ich das Böse nicht mit Guten, oft genug lasse ich mich vom Bösen überwinden.

Wenn ich ein böses Wort empfange, gebe ich ein böses Wort zurück und so geht das hin und her. Oft genug bin ich nicht der eine Dominostein, der nicht umfällt, sondern ich falle um.

Aber Gott kann uns wieder aufrichten, nachdem wir umgefallen sind, hier an dieser Stelle ist es wichtig zu betonen, dass es nicht darum geht, dass wir uns als Gottes

Kinder erweisen müssen, dadurch dass wir das Böse mit Gutem überwinden oder dass wir uns dadurch Gottes Liebe verdienen können, sondern Paulus sagt diese Verse zu Menschen, denen er bereits das ganze Evangelium zugesprochen hat. Er hat gesagt, die Liebe Gottes gilt euch, ihr seid bereits Gottes Kinder. Egal was kommt, nichts kann euch scheiden von der Liebe Gottes! Und jetzt werdet doch einfach das, was ihr in Gottes Augen schon lange seid!

Darum geht es hier oder mit den Worten von Hannelore Frank: „Ich möchte gerne so sein wie Gott mich haben will, weil er mich schon längst so behandelt als wäre ich schon so!" Gottes Liebe gilt trotz allem Scheitern und das kann uns dazu ermutigen immer neu aufzustehen und neu zu versuchen uns nicht vom Bösen überwinden zu lassen, sondern das Böse mit Gutem zu überwinden. – Amen!

Predigt - 19.Sonntag nach Trinitatis, Perikopenreihe VI: 2.Mose 34,4-10
Psalm: 103 Schriftlesung: Johannes 9,1-7

Die Gnade unseres Herrn Jesus Christus und die Liebe Gottes und die Gemeinschaft des Heiligen Geistes sei mit euch – Amen!

Liebe Gemeinde,

ich habe mein Leben ruiniert! Es ging mir gut, ZU gut, so wurde ich übermütig und habe mich selbst ins Unglück gestürzt. Ich hatte alles was ich brauchte und wollte doch mehr, jetzt habe ich alles verloren, ich stehe mit leeren Händen da und mein Leben ist ein Trümmerhaufen. Das Schlimmste an der ganzen Sache ist, dass ich niemandem die Schuld geben kann, als alleine mir selbst!

Harte Worte! - So oder so ähnlich mag sich die Klage eines Mannes anhören, der eine liebende Frau und Familie hatte und durch eine flüchtige Affäre all dieses Glück zerstört hat.

Es könnten auch die Worte eines reichen Börsenspekulanten sein, der einfach nicht genug bekommen konnte und am Ende all seinen Reichtum verzockt hat.

Von ganz oben bis hinunter in die tiefsten Tiefen des Unglücks - das ist leider ein kurzer Weg, wenn man übermütig wird, die Medien sind voll von Beispielen…

Liebe Gemeinde, ich wünsche uns allen, dass wir niemals so etwas am eigenen Leib erfahren müssen oder mussten!

Ich kenne das Gefühl Fehler gemacht zu haben, die ich nicht mehr gutmachen kann, ich weiß wie es ist Chancen zu verpassen, das tut furchtbar weh – aber – Gott sei Dank – sowas Extremes habe ich noch nicht erlebt!

Was aber tun, wenn es doch soweit kommt?

Davon handelt unser Predigttext. Die Israeliten damals haben genau das erlebt! Sie haben sich durch eigene Schuld die Zukunft verbaut! Gott führte sie durch Moses aus der Knechtschaft in Ägypten, er führte sie in die Freiheit, er erwählte sie als SEIN Volk!

Er führte sein Volk durch die Wüste und ernährte sie auf wundersame Weise mit Mana vom Himmel.

Dann schloss Gott mit seinem Volk am Berg Sinai einen Bund, das heißt, er verband sich mit ihnen und als Zeichen für diese Verbindung schrieb er die zehn Gebote auf zwei steinerne Tafeln. Israel sollte ganz zu ihm gehören, ein königliches Volk von Priestern sein – so viel Wertschätzung, Liebe und Ehre schenkte Gott seinem Volk!

Doch dann machte das Volk etwas wirklich, wirklich Dummes.

Mose war gerade auf der Spitze des Berges Sinai und durfte dort mit seinem Schöpfer sprechen. Er verbrachte viele Tage bei Gott und in dieser Zeit verlor das Volk die Geduld. Sie wollen keinen unsichtbaren Gott, sondern einen sichtbaren zum Anfassen – so wie die Götterbilder der Völker um sie herum. So machten sie sich aus Gold einen Götzen, ein goldenes Kalb. Statt den lebendigen Gott anzubeten, der sie aus der Sklaverei befreite, beteten sie nun eine leblose Statue an, die weder helfen, noch lieben konnte.

So sagte sich damals Israel von Gott los und entzog sich damit seine eigene Lebensgrundlage. Das Volk verbaute sich eigenhändig die Zukunft, die es mit Gott gehabt hätte.

Da entbrannte Gottes Zorn gegen sein Volk. Mose sprang in die Bresche, er zog alle Register um das drohende Unheil abzuwenden. „Herr, bitte verschone dieses Volk, sonst werden alle denken, du hast sie nur befreit um sie zu vernichten! Herr, gedenke doch an die Versprechen, die du Abraham, Isaak und Jakob gemacht hast! Herr, wenn du dein Volk verstoßen und vernichten willst, dann musst du mich auch verstoßen und vernichten!“

Dramatische Szenen! Mose geht bis zum Äußersten, wirft sein eigenes Leben in die Waagschale! Was für ein Fürsprecher!

Mitten in diesem Trümmerhaufen aus menschlicher Schuld, ruinierter Zukunft und Verzweiflung offenbarte sich Gott dann aufs Neue.

Er offenbart sich als der Gott, der wieder Ordnung ins Chaos bringt. Er öffnet seinem Volk einen neuen Weg in die Zukunft. Mose hatte in seiner Wut über das Volk die zwei steinernen Tafeln mit den 10 Geboten zerschlagen – Gott gab ihm nun den Auftrag neue Tafeln anfertigen zu lassen und somit die Verbindung zu erneuern.

„Und Mose hieb zwei steinerne Tafeln zu, wie die ersten waren, und stand am Morgen früh auf und stieg auf den Berg Sinai, wie der HERR geboten hatte, und nahm die zwei steinernen Tafeln in die Hand. Da kam der HERR hernieder in einer Wolke, und Mose trat daselbst zu ihm und rief den Namen des HERRN an. Und der HERR ging vor seinem Angesicht vorüber, und er rief aus: HERR, HERR, Gott, barmherzig und gnädig und geduldig und von großer Gnade und Treue, der Tausenden Gnade bewahrt und vergibt Missetat, Übertretung und Sünde, aber ungestraft lässt er niemand, sondern sucht die Missetat der Väter heim an Kindern und Kindeskindern bis ins dritte und vierte Glied! Und Mose neigte sich eilends zur Erde und betete an und sprach: Hab ich, HERR, Gnade vor deinen Augen gefunden, so gehe in unserer Mitte, denn es ist ein halsstarriges Volk; und vergib uns unsere Missetat und Sünde und lass uns dein Erbbesitz sein. Und der HERR sprach: Siehe, ich will einen Bund schließen: Vor deinem ganzen Volk will ich Wunder tun, wie sie nicht geschehen sind in allen Landen und unter allen Völkern, und das ganze Volk, in dessen Mitte du bist, soll des HERRN Werk sehen; denn wunderbar wird sein, was ich an dir tun werde.“ - 2.Mose 34,4-10

In immer neuen Worten wird Gottes Gnade in diesem Text beschrieben: Der HERR ist barmherzig, gnädig, geduldig und von großer Gnade und Treue, der Tausenden Gnade bewahrt und vergibt.

Große Verheißungen werden gegeben: Ich will einen Bund schließen spricht der HERR, ich will Wunder tun!

Wie geht es Ihnen, wenn sie diesen Text so hören?

Mir geht es so, dass ich all diese positiven Worte gar nicht höre, denn meine ganze Aufmerksamkeit ist gefangen von dieser Passage: Der HERR vergibt Missetat, Übertretung und Sünde, aber ungestraft lässt er niemand, sondern sucht die Missetat der Väter heim an Kindern und Kindeskindern bis ins dritte und vierte Glied! –

gemeint sind Generationen! Schon als ich vor vielen, vielen Jahren, als ich noch ganz jung war, diesen Text zum allerersten Mal in meinem Leben gehört habe, habe ich mich schon daran gestoßen, und seit dieser Zeit hat sich da nicht viel geändert. Auch im Theologiestudium habe ich mich äußerst schwer damit getan, doch konnte mir da auch niemand weiterhelfen. Ich habe es immer als Widerspruch empfunden, dass es heißt, dass der HERR Sünden vergibt aber keinesfalls ungestraft lässt - schlimmer noch, sie an den Kindern heimsucht. Was hat das zu bedeuten? Wenn man jemanden vergibt, dann vergibt man doch! Ich meine, wenn mir jemand Unrecht tut und dann sagt, dass es ihm leid tut, dann werde ich doch nicht sagen: Ja, ich vergebe dir zwar, aber ungestraft lasse ich dich nicht davonkommen! Ich werde es dir heimzahlen... und deinen Kindern übrigens auch! – So würde doch keiner reden!

Also was haben diese Worte dann zu bedeuten?

Leider kann ich Ihnen darauf keine abschließende Antwort geben, sie bleiben für mich schwierig – trotzdem möchte ich ein paar Gedanken dazu äußern, die hoffentlich auch denen weiterhelfen, die sich die gleichen Fragen stellen. Nehmen Sie sich mit, was ihnen hilfreich erscheint und vergessen Sie den Rest!

Zum einen, der Text wurde und wird viel missbraucht. Der Bibeltext aus der Schriftlesung veranschaulicht das. Die Jünger sehen einen blinden Mann und denken, der muss doch selber Schuld sein oder seine Eltern, denn Gott sucht ja schließlich die Sünde der Eltern heim bei den Kindern! Wir sehen auch an der Antwort Jesu, dass er das weit von sich weist! Elend ist nicht immer eine Folge von Schuld!

Zum anderen, der Text macht eine Gegenüberstellung, Gott sucht Sünden heim bis in die dritte oder vierte Generation – so viel, wie ein Mensch, wenn er Glück hat, in seinem Leben noch überblicken kann - aber Gott segnet bis in die tausendste Generation! Soll heißen: Die Strafe ist begrenzt, der Segen kennt keine Grenzen!

Trotzdem bleibt die Frage, was bedeutet überhaupt Vergebung noch, wenn der Text sagt, dass Schuld dennoch Konsequenzen bei Gott hat?

Die Geschichte des Volkes Israel bringt uns hier auf eine wichtige Spur, sie zeigt ein Schema, das sich in der Bibel immer neu wiederholt. Gott nähert sich dem Menschen, seine Liebe schafft Bedingungen, in denen der Mensch gut leben kann. Doch der Mensch wendet sich von Gott ab und diese Schuld bleibt nicht folgenlos, diese Schuld schafft auch neue Bedingungen – der Mensch verbaut sich seine Zukunft.

Gott hebt die Folgen des menschlichen Handels nicht auf, sie bleiben bestehen und manchmal haben auch die Kinder und Kindeskinder noch an diesen Folgen zu kämpfen – aber, und das ist der Trost in diesem Text, egal wie tief die Schuld ist, egal wie schwer die Konsequenzen – es hebt Gottes Liebe zu uns nicht auf!

Wir sehen das in unserem Text am Volk Israel, Gott verwirft das Volk nicht, sondern fängt wieder neu mit ihnen an – dafür stehen die zwei neuen Steintafeln, die Mose in unserem Text anfertigt. Gott geht weiter mit seinem Volk, er schreibt weiter Geschichte mit seinen Menschen. Gott schenkt Zukunft trotz Schuld.

Wenn wir in der Bibel zurückblättern, dann sehen wir, dass es nicht das erste Mal ist, dass die Menschen sich von Gott entfernt haben und Gott ihnen wieder neue Vergebung und Zukunft geschenkt hat. Wenn wir von dieser Stelle an weiter vorblättern, dann werden wir feststellen, dass es auch nicht das letzte Mal sein wird. Doch dank Gottes Gnade wird es immer weitergehen, er schreibt gerade auf den krummen Zeilen, welche wir Menschen in der Weltgeschichte hinterlassen.

Egal wie groß des Menschen Schuld ist, Gottes Liebe wird immer größer sein. Er schenkt uns einen Neuanfang, eine Zukunft trotz allen Lasten der Vergangenheit.

Das ist die Botschaft, die wir aus diesen biblischen Geschichten für unser Leben ziehen können.

Wenn ein Mensch unten ist, wenn er nicht mehr weiß, wie es weitergehen soll, dann braucht er etwas, woran er sich festhalten kann - etwas, das größer ist als er selbst.

Mich tröstet in solchen Stunden das Vertrauen darauf, dass ich mit Gottes Hilfe wieder neu anfangen kann, dass er einen guten Weg für mich hat, auch wenn ich ihn momentan nicht sehen kann.

Liebe Gemeinde, für mich hat dieser Neuanfang, den Gott mit uns Menschen machen will, Gestalt in Jesus Christus gewonnen.

Denn Christus hält nichts von Altlasten, die Menschen mit sich rumschleppen, er ist nicht nur gekommen um zu heilen was zerbrochen ist, sondern um aus dem Zerbrochenen etwas Größeres zu machen, als das, was es davor gewesen ist.

So sind wir alle Geschöpfe Gottes, auch wenn wir Fehler machen und uns von unserem Schöpfer entfernen. Aber der Sohn Gottes möchte uns nicht nur zurückführen, sondern er möchte uns näher an Gottes Herz führen als wir es jemals waren, er möchte uns als Schwestern und Brüder haben, so dass wir nicht mehr Geschöpfe Gottes, sondern Kinder Gottes werden. Er ist ein mächtiger Fürsprecher, der jede und jeden, die und der hier sitzt, so liebt, dass er wie Mose sein Leben für uns eingesetzt hat, mehr noch, es für uns gegeben hat. Denn er tat das, was alleine Gott tun kann, er trägt am Kreuz alle unsere Schuld und damit durchbricht ein für alle

Mal den Zusammenhang zischen Schuld und ihren Folgen - denn von Lasten der Vergangenheit hält er nichts, er möchte, dass wir ganz frei werden für eine versöhnte Zukunft mit Gott.

Menschen mögen uns bei den Fehlern unserer Vergangenheit behaften, sie mögen immer neu hervorholen, was wir falsch gemacht haben – aber Jesus ist Gottes Versprechen an uns, dass er das nicht tut! Durch ihn gilt nicht mehr, dass unsere Schuld heimgesucht wird an Kindern und Kindeskindern, sondern, dass wir frei sind! – Amen!

Printed by Books on Demand GmbH, Norderstedt / Germany